¡VAMOS DE FIESTA!
A Harcourt Spanish Reading Program

PASTELES Y FIESTAS

AUTORES
Alma Flor Ada • F. Isabel Campoy • Juan S. Solis

CONSULTORA
Angelina Olivares

Harcourt

Orlando   Boston   Dallas   Chicago   San Diego

Visita *The Learning Site*

www.harcourtschool.com

COLLECTIONS 2001 Edition Copyright © by Harcourt, Inc.

All rights reserved. No part of this publication may be reproduced or transmitted in any form or by any means, electronic or mechanical, including photocopy, recording, or any information storage and retrieval system, without permission in writing from the publisher.

Requests for permission to make copies of any part of the work should be mailed to the following address: School Permissions, Harcourt, Inc., 6277 Sea Harbor Drive, Orlando, Florida 32887-6777

HARCOURT and the Harcourt Logo are trademarks of Harcourt, Inc.

Acknowledgments appear in the back of this work.

Printed in the United States of America

ISBN 0-15-313297-3

4 5 6 7 8 9 10   048   2001 2000

¡Pasteles y fiestas!

Querido lector:

Abrir un libro nuevo es como abrir la puerta de entrada a un nuevo mundo. Al leer puedes visitar lugares desconocidos, aprender cosas que no sabías y hacer nuevos amigos.
¡A veces se aprenden cosas sorprendentes!

Cuando leas **Pasteles y fiestas**, conocerás personajes que aprenden de sí mismos y de los demás. Descubrirás animales que nunca habías visto y quizá hasta encuentres viejos conocidos en nuevas historias.

La lectura es la llave que abre el mundo de **Pasteles y fiestas**. Este año aprenderás cosas que te ayudarán a aprovechar más las lecturas. Desarrollar tus habilidades de lectura es la clave que te ayudará a descubrir sorpresas maravillosas en el futuro.

¡Ven con nosotros! Descubre todas las sorpresas que te esperan.

Atentamente, *Los Autores*

Tema

ALGUIEN ESPECIAL

CONTENIDO

Estrategias de lectura   8

Presentación del tema   10

Los favoritos de los lectores   12

Fantasía/Estudios sociales
Rosendo   14
Texto de Verónica Murguía
Ilustraciones de Margarita Rascón
    Conoce a la autora y a la ilustradora

Prueba tu destreza
Prefijos y sufijos   28

Ficción realista/Ciencias
Los imanes de Marta   30
Texto de Wendy Pfeffer
Ilustraciones de Gail Piazza
    Conoce a la autora

Experimento de ciencias/Ciencias
Experimento con imanes   50
Texto de Neil Ardley

Ficción realista/Estudios sociales
Ronald Morgan se va de campamento   54
Texto de Patricia Reilly Giff
Ilustraciones de Susanna Natti
    Conoce a la autora y a la ilustradora

Prueba tu destreza
Hacer predicciones   72

Ficción/Ciencias
Gatico-Gatico   74
Texto de Severo Sarduy
Ilustraciones de Julieta Gutiérrez
    Conoce al autor y a la ilustradora

Biografía/Educación física
La mujer acuática   88
Texto de S. A. Kramer

Poesía
La nadadora   100
Texto de Constance Levy
Ilustraciones de Kurt Nagahori

Conclusión del tema   104

TEMA

¡Qué equipo!

CONTENIDO

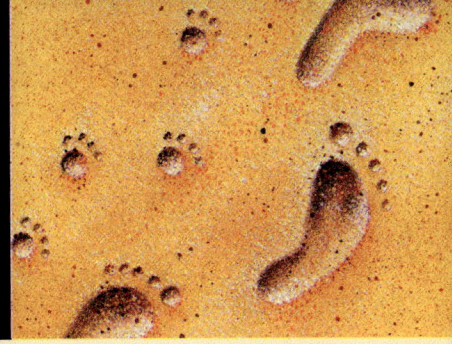

Presentación del tema   **106**

Los favoritos de los lectores   **108**

Fábula/Artes del lenguaje

El labrador y sus hijos   110
Texto de Esopo, adaptado por Beatriz Barnes
Ilustraciones de Ricardo Peláez
    Conoce al autor y al ilustrador

Prueba tu destreza

Elementos narrativos   130

Ficción realista/Ciencias

Bahía de tortugas   132
Texto de Saviour Pirotta
Ilustraciones de Nilesh Mistry
    Conoce al autor y al ilustrador

Poesía

El bote de mis sueños   152
Texto de Charles Ghigna
Ilustraciones de Dave Calver

Fantasía/Ciencias

El monstruo Graciopeo   156
Texto de Linda Marcos Dayán
Ilustraciones de L. Nepomniachi
    Conoce a la autora y al ilustrador

Prueba tu destreza

Claves de contexto   170

Ficción realista/Estudios sociales

La cometa maravillosa   172
Texto de Rosalía García Román
Ilustraciones de Enrique Martínez
    Conoce al ilustrador

Fantasía/Ciencias

Peque Gruñón y el huevo gigante   184
Texto e ilustraciones de Tomie dePaola
    Conoce al autor e ilustrador

Artículo de revista/Estudios sociales

Un hogar propio   204
Texto de Carol Pugliano

Conclusión del tema   **208**

CONTENIDO

Presentación del tema 210

Los favoritos de los lectores 212

Ficción realista/Ciencias
Los cuentos de Julián 214
Texto de Ann Cameron
Ilustraciones de Cornelius Van Wright y Ying-Hwa Hu
  Conoce a la autora y a los ilustradores

Prueba tu destreza
Sinónimos y antónimos 232

Ficción realista/Estudios sociales
El espectáculo de talentos 234
Texto de Susan Wojciechowski
Ilustraciones de Laura Ovresat
  Conoce a la autora

Misterio/Estudios sociales
El último caso de la Agencia de Detectives C. I. 250
Texto de Carol M. Harris
Ilustraciones de Linda Helton

Ficción realista/Estudios sociales
Blanca Margarita 256
Texto de Gloria de las Fuentes
Ilustraciones de Iván Valverde
  Conoce a la autora y al ilustrador

Prueba tu destreza
Idea principal 270

TEMA
Amigos para

Ficción realista/Estudios sociales 🌎

Magnus   **272**
Texto de Jaime Alfonso Sandoval
Ilustraciones de Ricardo Radosh
   Conoce al autor y al ilustrador

Ficción realista/Estudios sociales 🌎

¡Viva Ramona!   **288**
Texto de Beverly Cleary
Ilustraciones de Diane Greenseid
   Conoce a la autora

Poesía

Todos mis sombreros   **312**
Texto de Richard J. Margolis
Ilustraciones de Robert Casilla

Conclusión del tema   **316**

Glosario   **318**

Índice de títulos y autores   **326**

crecer

Estrategias de lectura

Una estrategia es un plan que te ayuda a hacer algo bien.

Tal vez ya has usado algunas estrategias al leer. **Quizá observas el título y las ilustraciones antes de iniciar** la lectura. Después **piensas en lo que quieres saber.** Si aplicas las estrategias correctas, te convertirás en un mejor lector.

Consulta la lista de estrategias en la página 9. Aprenderás a usarlas cuando leas los cuentos de cada sección. Consulta la lista cuando leas un cuento para recordar las **estrategias adecuadas en cada caso.**

Estrategias de los buenos lectores

- Usar los conocimientos previos
- Hacer predicciones y confirmarlas
- Ajustar el ritmo de lectura
- Autopreguntarse
- Crear imágenes mentales
- Analizar el contexto para confirmar el significado
- Examinar la estructura del texto y el formato
- Usar elementos gráficos de apoyo
- Consultar fuentes de referencia
- Hacer una lectura anticipada
- Releer
- Resumir

Sigue estos consejos para evaluar tu comprensión:

✔ Copia la lista de estrategias en una tarjeta.

✔ Usa la tarjeta como separador en tu lectura.

✔ Al terminar la lectura habla con un compañero acerca de las estrategias que usaste.

Tema
ALGUIEN ESPECIAL

CONTENIDO

Rosendo 14
Verónica Murguía

Prueba tu destreza Prefijos y sufijos 28

Los imanes de Marta 30
Wendy Pfeffer

Experimento con imanes 50
Neil Ardley

Ronald Morgan se va de campamento 54
Patricia Reilly Giff

Prueba tu destreza Hacer predicciones 72

Gatico-Gatico 74
Severo Sarduy

La mujer acuática 88
S. A. Kramer

La nadadora 100
Constance Levy

Los favoritos de los lectores

Tomás y la señora de la biblioteca
de Pat Mora
Ficción realista
Tomás, un niño hijo de inmigrantes, descubre en los pasillos de la biblioteca pública todo un mundo de libros para explorar.

Frida María: un cuento del sudoeste de antes
de Deborah Nourse Lattimore
Ficción realista
Gracias a su talento para montar caballos, Frida gana una carrera y esto da un importante giro a su vida.

Días de circo
de Alma Flor Ada
Ficción realista
Dos niñas muy diferentes se hacen amigas gracias a la llegada de un circo al pueblo.

El perro de Ernesto
de Karen Hesse
Ficción realista
El perro de Ernesto ladra todo el tiempo. Pero esta vez aprenderá que ya no puede asustar a los niños pequeños.
COLECCIÓN DE LECTURAS FAVORITAS

María Isabel
de Alma Flor Ada
Ficción realista
Cuando María Isabel llega a una escuela nueva le cambian el nombre. Su mayor deseo será recuperar su nombre.

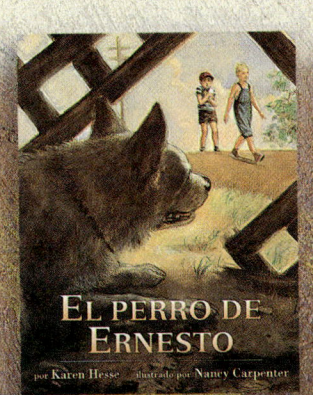

Rosendo

Cuento de Verónica Murguía • Ilustraciones de Margarita Rascón

Había una vez, en una pradera africana, un rinoceronte llamado Rosendo.

Vivía feliz; pero en la pradera no tenía vecinos: la selva, con todos sus animales, quedaba a unas horas de distancia.

Una mañana, mientras sus padres dormían, a Rosendo lo invadió la curiosidad. Se sintió solo y aburrido, y decidió hacer un viaje a la selva.

Tomó un sorbo de agua del arroyo y se encaminó valientemente. Después de un buen rato andando, llegó al lago.

Nunca había visto nada parecido a esa gran extensión de agua que, quieta como un espejo, reflejaba el sol. Rosendo sintió sed y se dispuso a beber.

Cuando vio su reflejo en el agua se sorprendió, pues era rosa. No lo sabía porque en el arroyo no había distinguido nada. Miope, como todos los rinocerontes, descubrió una forma rosada, distinta a la de sus padres, y llegó a la conclusión de que él pertenecía a otra especie.

Se dispuso a encontrar a su "verdadera" familia y reemprendió camino con mucha ilusión.

De pronto llegó a un lugar donde tres personajes conversaban amigablemente. Eran el León de la Greña, la Rata Almizclosa y el Camaleón. Al ver al león, Rosendo creyó encontrar lo que buscaba. Le dijo: "¿Cómo estás, pariente?" El león, al ver al pequeño Rosendo, comenzó a reír, y no le contestó su pregunta.

La Rata Almizclosa comentó: "¡Habráse visto semejante insolencia! ¿Sabes una cosa? Tienes suerte de que su Majestad, el León de la Greña, esté de buenas. Ahora vete y déjanos seguir nuestra conversación."

Rosendo se puso triste; se sintió ofendido. No le quedó más remedio que seguir adelante, aunque ahora ya no veía las cosas tan bien como al principio.

Iba meditabundo cuando se tropezó con el elefante: algo en la piel y en los ojos le hizo pensar que por fin había encontrado a un familiar.

El elefante lo desilusionó. "Estás muy chato para elefante y un poco chaparro. Me recuerdas a Hugo el hipopótamo, aunque con algunas diferencias en eso del color. ¿Por qué no vas al río a visitarlo?", le dijo.

El hipopótamo resultó bastante antipático. Se burló de Rosendo y le advirtió que jamás había visto a nadie que se pareciera a él, y menos con un color tan extraño.

Rosendo estaba francamente asustado.

¿Qué pasaría si no encontraba a su familia?

¿Vagaría siempre él solito por la selva?

Iba pensando en esto cuando le pisó la nariz a Coco, el cocodrilo, famoso en todas partes por su mal genio. Coco lo amenazó con morderlo si no le dejaba seguir con la clase de gimnasia que doña Avestruz le estaba dando.

El pequeño Rosendo se dio cuenta de que pronto anochecería y extrañó como nunca a doña Rina, su madre, y deseó no haber salido de la pradera.

Doña Clara, la tortuga, que pasaba por allí, lo vio llorando y se acercó a consolarlo.

La tortuga exclamó: "¿Cómo es posible que un rinoceronte tan hermoso esté triste? ¿Con ese color y esos cuernos tan bonitos? ¿Qué haces tan lejos de la pradera?"

"¿Así que soy un rinoceronte? ¡Qué suerte!"

"¿Me podría decir cómo salir de la selva?", le preguntó.

Cuando Rosendo llegó a la pradera, doña Rina y don Ricardo estaban a punto de salir a buscarlo.

Tenían los ojos hinchados de tanto llorar.

Al verlos, Rosendo se dio cuenta de lo guapos que eran y se sintió orgulloso y feliz de ser un rinoceronte de un color tan original. Abrazó a doña Rina contento de saber que sus padres lo querían tanto.

Piénsalo

1. ¿Qué descubrió Rosendo cuando vio su reflejo en el agua?

2. ¿Por qué los animales de la selva rechazaban a Rosendo?

3. ¿Qué opinas de la curiosidad de Rosendo?

Conoce a la autora

VERÓNICA MURGUÍA ● Vivo en la ciudad de México. Me gusta escribir historias para niños porque en ellas los personajes tienen gran cantidad de aventuras. Escribí el cuento de "Rosendo" como un regalo para una amiga querida y su hijita. Pensé que en la historia debía quedar reflejado lo que mi amiga y yo vivimos en la escuela: éramos distintas de nuestros compañeros de clase y eso, en lugar de hacernos sentir mal, nos divirtió mucho.

Conoce a la ilustradora

MARGARITA RASCÓN CRUZ ● Para mí, ilustrar es un juego que me permite vivir una aventura. Me encanta tomar el lápiz y empezar a vivir la historia de los cuentos. Es divertido imaginar formas, colores y ambientes. Antes de comenzar a ilustrar siempre investigo en otros libros para saber cómo representaré, en uno nuevo, los lugares y personajes que allí vivirán y que tú conocerás. Pero lo mejor empieza cuando coloreo los dibujos, porque las figuras comienzan a salir del papel como si tomaran vida y se unieran con el cuento.

TALLER DE

La selva en el salón

HAZ UNA OBSERVACIÓN

Junto con algunos de tus compañeros y un adulto, visita el parque zoológico, o investiga en una enciclopedia, el comportamiento de los animales que aparecen en el cuento: cómo se mueven y qué sonidos hacen. Después, ante el grupo, imiten los gestos y voces de esos animales.

Dame tu autógrafo

DISEÑA UNA PORTADA

Rosendo escribió un libro y lo tituló "Los seres de la selva". Ayúdalo a elaborar la portada o cubierta del libro. Dibuja en una hoja de papel a los personajes de la historia retozando en la selva. Sobre el dibujo escribe con letras bien delineadas el título "Los seres de la selva" y el nombre del autor: Rosendo.

ACTIVIDADES

¡Cómo he crecido!
ESCRIBE UN CUENTO

Un día un niño *descubre* que ha crecido, pues ya no tiene que pararse sobre las puntas de sus pies para alcanzar a ver su rostro en el espejo de su casa. Escribe un cuento sobre un niño muy parecido: tú. Narra las cosas que has aprendido a hacer desde que comenzaste a caminar y hablar. Conócete en todo lo que has sido capaz de realizar.

Tu árbol genealógico
HAZ UN ESQUEMA

Rosendo dejó la pradera para ir en busca de su familia. ¿Qué tal si tú también investigas sobre tus parientes lejanos? Un árbol genealógico es un dibujo de las ramas de un árbol en las que figuran ordenadamente los nombres de nuestros familiares. Pide ayuda a tu familia para hacer tu propio árbol genealógico empezando por tus padres y sus hermanos.

PRUEBA TU DESTREZA

Sufijos y prefijos

En la historia el autor nos dice que Rosendo sintió **ilusión** y luego **desilusión**. Lee los siguientes enunciados:

1. Se dispuso a encontrar a su familia con mucha ilusión.
2. Pero el elefante le provocó desilusión.

Observa la palabra ilusión y después la palabra desilusión. ¿Qué letras nuevas tiene la segunda palabra? Subráyalas.

des **+** ilusión **=** desilusión

Como ves, a la palabra ilusión se le agregó la sílaba des, para formar la palabra desilusión. Entonces ilusión es una **palabra base.** La parte que se añade al principio de una palabra base (des) se conoce como **prefijo.** La parte que se agrega al final de una palabra base se llama **sufijo.** Los sufijos y los prefijos se añaden a una palabra base para formar nuevas palabras que a veces tienen otro significado. Por ejemplo:

feliz **+** mente **=** felizmente

Conocer las partes de las palabras puede ayudarte a descifrar el significado de las palabras desconocidas.

Diagrama de prefijos y sufijos

Prefijos	Palabras base	Sufijos	Palabra compuesta
Des-	ilusión	-mente	desilusión / ilusionadamente
Re-	emprender	-mente	reemprender / emprendedoramente
En-	camino (caminó)		encamino (encaminó)
Extra-	ordinario	-mente	extraordinariamente
In-	forma	-ivo	Informativo

¿QUÉ HAS APRENDIDO?

1. Si decimos que una persona es amigable, ¿qué queremos decir? Explica cómo te ayuda la palabra base.

2. ¿Qué significado tiene la palabra que lleva un prefijo en este letrero?: **No sobrecargar**

INTÉNTALO • INTÉNTALO

A continuación te damos un cuadro de prefijos y sufijos y otro de palabras base. Añade un sufijo o un prefijo a una de las palabras base. Luego escribe una oración con cada palabra nueva que formaste.

Prefijos y sufijos
des-
-mente
in-

Palabras base
feliz
usual
andar

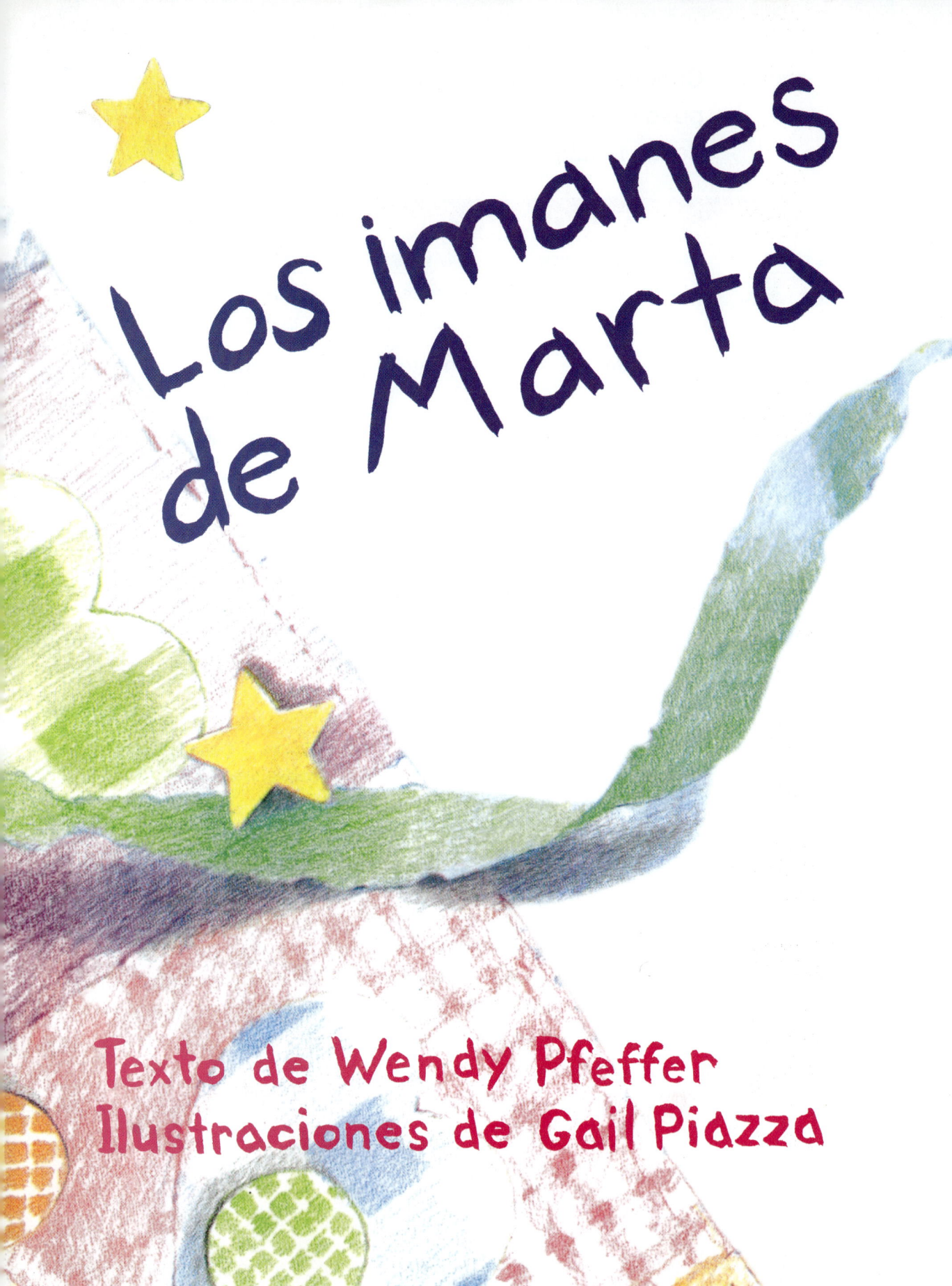

Los imanes de Marta

Texto de Wendy Pfeffer
Ilustraciones de Gail Piazza

A Marta le fascinaba coleccionar objetos. Coleccionaba palitos y piedras, tarjetas y cartoncillo, cajitas, cajotas... Bueno, casi cualquier cosa. Así que cuando su familia se mudaba de casa, sus colecciones también se mudaban... directamente al cuarto que Marta compartía con Rosa, su hermana mayor.

En el cuarto, el lado donde dormía Rosa resplandecía de limpio. En cambio el de Marta no. Su cama estaba cubierta de papel crepé de piñatas rotas. Su espejo no se veía por las guirnaldas hechas con envolturas de goma de mascar. Sobre su escritorio había una madeja de cordón del tamaño de una pelota de fútbol y una caja de zapatos llena de imanes.

Colleen, la nueva amiga de Rosa, que vivía al otro lado del corredor, se asomó al cuarto y exclamó:

—¡Cuánta basura!

—Estoy de acuerdo contigo —dijo Rosa.

—Mis coleccciones no son basura, son mis tesoros —contestó Marta, y siguió acomodando sus imanes sin hacer caso a las palabras de Rosa y Colleen.

Allí estaban los imanes de barra que Marta encontró en una bolsa decorada de cumpleaños. También los que había cortado del fondo de una vieja cortina de baño. Luego tomó el imán en forma de herradura que rescató de un viejo estuche científico. Pero su favorito era un imán en forma de camión que le había regalado un repartidor de pizzas. Ése lo pegó a su bolsillo.

En la cocina, Marta se sirvió un poco de jugo que sacó del refrigerador. Mientras lo bebía se divertía pegando y despegando a la puerta su imán de camión.

—¿Más basura? —dijo Rosa, compartiendo sus semillas de girasol con Colleen.

—A tus frascos de barniz y brillo yo no los llamo basura —replicó Marta, y dando fuertes pisadas se marchó a su cuarto.

Al mirar hacia afuera vio una ciudad de techos recubiertos de alquitrán. Parecía un enorme estacionamiento.

Cinco pisos abajo había un grupo de niños jugando en la calle. Marta había pasado junto a ellos en la mañana, pero ninguno le habló. Había dos niños pateando una lata y tres niñas saltando la cuerda. Marta oyó cómo canturreaban una tonada parecida al rap:

Un patito, dos patitos, tres patitos van,
cruzan el puente, saltan el río,
cuatro patos, cinco patos, seis patitos van,
llegan al campo, tienen frío.

Agarró sus imanes, bajó a brincos las escaleras de cinco pisos y salió a la calle gritando: "Hola, chicos. Yo soy Marta".

Los niños seguían pateando la lata y las niñas saltando la cuerda.

Marta pegó uno de sus imanes en un barandal de hierro, otro en una toma de agua para bomberos, y el tercero en una señal de tránsito.

Los niños interrumpieron sus juegos y el más alto le preguntó:

—¿Qué estás haciendo?

—Pegando imanes en las cosas —contestó Marta—. Este camión estaba en la puerta de mi refrigerador.

Y ofreciéndole un imán a cada niño, agregó:

—¿Quieren probar ustedes?

—¡Claro! —respondió el más alto—. Yo soy Marshall.

—Y yo me llamo Stevie —dijo el otro niño—. La que está allá es Kim, sólo que casi no habla.

Kim miró por encima de sus lentes. Frotó las orillas redondeadas de los imanes que Marta le ofrecía y sonrió.

Una de las niñas dejó en el suelo la punta de la cuerda.

—Yo me llamo Tanya y ella es Vanya —dijo—. Somos gemelas.

Vanya pegó el imán a su bolsillo y preguntó:

—¿Quieres saltar la cuerda?

—¡Claro! —respondió Marta, mientras Tanya empezaba a canturrear:

Un patito, dos patitos, tres patitos van,

en la puerta de Marta un imán se pegó.

Cuatro patos, cinco patos, seis patitos van,

en el barandal de hierro otro imán pondré yo.

Marta entró al juego. Le encantaba sentir el chasquido rítmico de la cuerda al rebotar en la banqueta. Siguió brincando hasta que Stevie gritó:

—Esta herradura se pegó a la caja del aire acondicionado.

Marshall agitó su imán:

—Los imanes atraen muchas cosas. Mira, el mío se pega a esta vieja lata de metal.

Minutos después comenzaron a escucharse animadas voces que rebotaban entre las casas de ladrillo.

—Este imán no se pega a mi lata de refresco.

—¡Miren!, el mío se pegó a la llave de mi bolsillo.

—El mío no se pega a la llave.

—Éste se pega al clavo de la puerta pero no a la puerta.

Entonces sobresalió entre todas una voz que susurraba:

—Este imán no se pega a mis lentes.

Era Kim. Marta sonrió. Sus imanes eran especiales: atraían amigos y habían hecho hablar a Kim.

Marta volteó a ver a Rosa y a Colleen esperando que vieran a sus cinco nuevos amigos. Pero Rosa estaba a gatas en el suelo y Colleen gritaba. Marta corrió hacia ellas.

—A Colleen se le cayó su llavero en esta alcantarilla —dijo Rosa—. No podrá entrar al departamento sin su llave. Ni sacar el guisado del refrigerador. La cena no estará lista a tiempo. A su mamá se le hará tarde para la escuela nocturna...

—Tengo una idea —dijo Marta. Corrió hacia el edificio y trepó por las escaleras.

Un aroma a sopa de pollo se esparcía por el primer piso. Las paredes del segundo estaban decoradas con papel tapiz de colores brillantes. El corredor del tercero estaba lleno de bicicletas y palos de hockey. Un llanto de bebé le indicó a Marta que debía estar en el cuarto piso. Y en el quinto olía a su hogar. Un edificio de departamentos también es una colección... de gente distinta. Marta entró corriendo al departamento y salió con la madeja de cordón en las manos.

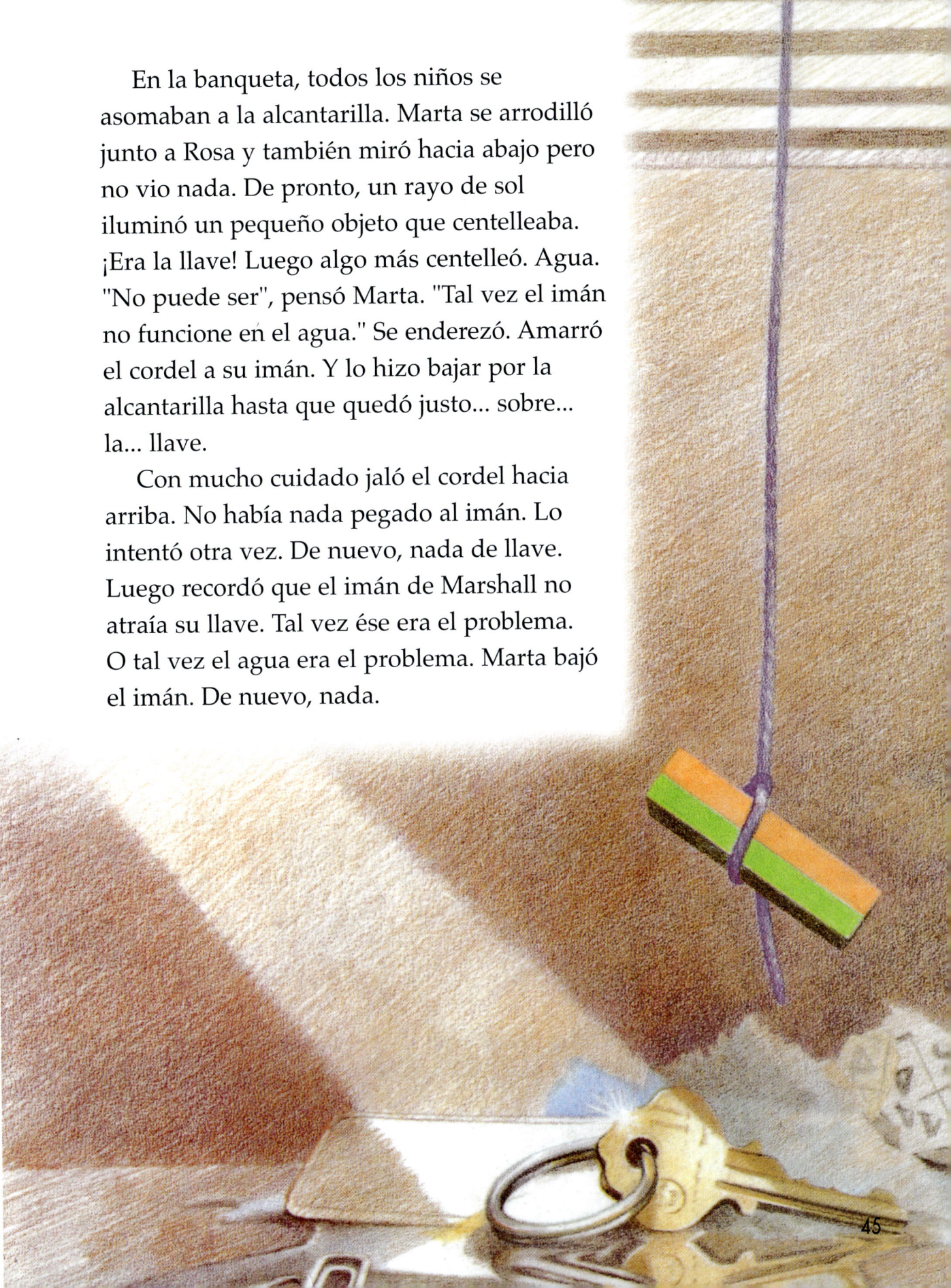

En la banqueta, todos los niños se asomaban a la alcantarilla. Marta se arrodilló junto a Rosa y también miró hacia abajo pero no vio nada. De pronto, un rayo de sol iluminó un pequeño objeto que centelleaba. ¡Era la llave! Luego algo más centelleó. Agua. "No puede ser", pensó Marta. "Tal vez el imán no funcione en el agua." Se enderezó. Amarró el cordel a su imán. Y lo hizo bajar por la alcantarilla hasta que quedó justo... sobre... la... llave.

Con mucho cuidado jaló el cordel hacia arriba. No había nada pegado al imán. Lo intentó otra vez. De nuevo, nada de llave. Luego recordó que el imán de Marshall no atraía su llave. Tal vez ése era el problema. O tal vez el agua era el problema. Marta bajó el imán. De nuevo, nada.

La siguiente vez que bajó el imán lo dirigió hacia el llavero. Pero éste también estaba en el agua. El imán se balanceaba hacia adelante y hacia atrás sobre el llavero. De pronto, ¡zas!, hicieron contacto. Marta comenzó a subir el cordón centímetro a centímetro. —Allí está mi llavero —gritó Rosa—. Está colgando del imán.

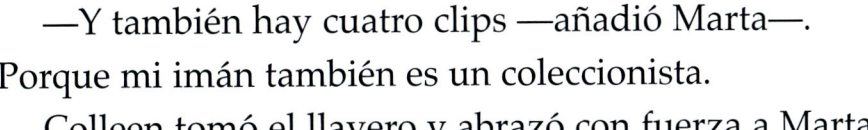

—Y también hay cuatro clips —añadió Marta—. Porque mi imán también es un coleccionista.

Colleen tomó el llavero y abrazó con fuerza a Marta.

—¡Viva el imán de Marta! —gritaron los niños.

Marta todavía colecciona cosas. Guarda llaves en cajas transparentes, cuelga cadenas de clips junto a las guirnaldas de papel estampado en el espejo, y le encanta pegar imanes de todos tamaños, formas y colores en su vieja cama de metal.

Los imanes de Marta han de ser especiales porque Rosa y Colleen nunca volvieron a llamar basura a las colecciones de Marta.

Piénsalo

1. ¿Cómo ayudaron a Marta los imanes para hacer nuevos amigos?

2. ¿Cuál es tu parte favorita del cuento? ¿Por qué?

3. ¿Cómo describirías a Marta? ¿Qué claves ofrece el autor para ayudar al lector a conocer a Marta?

Conoce a la autora

Wendy Pfeffer

Nadie en la familia de Wendy Pfeffer se dedica a escribir, pero desde pequeña ella deseaba convertirse en escritora. A su padre le encantaba buscar el origen de las palabras. Su abuelo se pasaba horas enteras contándoles cuentos a sus nietos. Con este ejemplo, Wendy aprendió a amar la lectura.

En su infancia, Wendy empezó a reescribir historias populares como Hanzel y Gretel. Más tarde decidió escribir sus propias historias y en la escuela secundaria colaboró en el periódico escolar.

Wendy fue profesora e incluso inauguró una escuela. Aunque ya no trabaja como profesora, a Wendy le encantan los niños y le gusta escribir para ellos.

Visita *The Learning Site*
www.harcourtschool.com/reading/spanish

EXPERIMENTOS CON IMANES

Los imanes pueden atraer o rechazar objetos. Son muy útiles en nuestra vida diaria. ¿Recuerdas algún lugar donde los hayas visto? Aprenderás cosas nuevas sobre imanes en los siguientes experimentos.

Objeto volador

¿Hasta dónde llega la fuerza de un imán? Un imán puede sostener un objeto en el aire sin tocarlo. Observa cómo la fuerza o magnetismo de un imán atrae o jala hacia sí un objeto.

Necesitas:

Papel · Barra de imán · Cinta · Clip · Cuerda

1 Sujeta un clip con un hilo. Átalo firmemente. Con cinta adhesiva pega el otro extremo del hilo a la superficie de la mesa.

2 Levanta el clip con el imán. Súbelo hasta que se tense el hilo.

3 Despega cuidadosamente el imán del clip. Incluso si pones un papel en medio, el imán mantendrá el clip en el aire.

Dos polos

Los dos extremos, o polos, de un imán tienen nombres diferentes. Uno es el polo positivo y el otro el polo negativo. Aprende a descubrir cuál es cuál. Todo lo que necesitas es:

Necesitas:

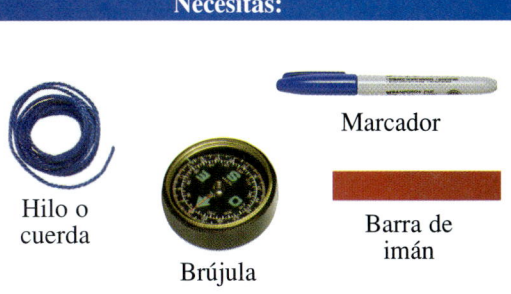

Hilo o cuerda

Brújula

Marcador

Barra de imán

1 Una brújula es un imán con una flecha que siempre apuntará al polo norte. Usa la brújula para saber hacia dónde está el norte.

2 Sujeta con la cuerda el centro del imán de tal forma que quede equilibrado.

El polo negativo del imán apunta hacia el sur.

3 Sostén el imán con la cuerda hasta que deje de moverse. Mantenlo alejado a más de tres pies de distancia de la brújula.

El polo positivo del imán apunta hacia el norte.

4 Señala con el marcador el extremo que apunta al sur.

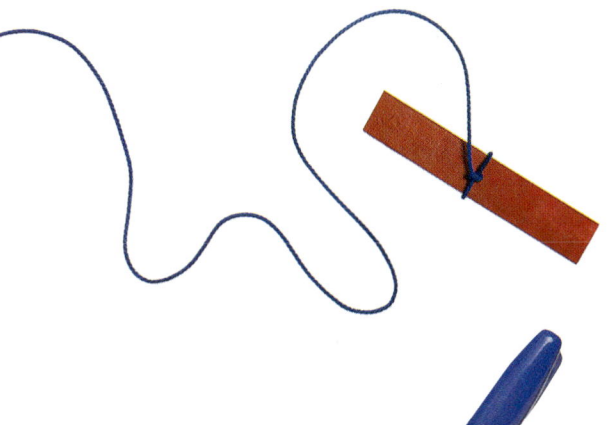

Piénsalo

¿Qué has aprendido sobre los imanes?

Taller de

Hacer conexiones

HAZ UN ESQUEMA

El imán de Marta atrajo el llavero de Colleen, pero no atrajo su llave. Un imán puede atraer un llavero, pero no una llave. Usa un imán en tu salón de clases. Halla objetos que el imán puede atraer y otros que no. Haz un esquema que muestre lo que aprendiste en este experimento y en la lectura "Experimentos con imanes".

Diversión y juegos

COMPÓN UNA CANCIÓN

Con dos o tres compañeros, inventen una canción que puedan cantar cuando jueguen a saltar la cuerda o cualquier otro juego. Pueden usar una tonada conocida. Incluyan diferentes acciones y muestren la canción al resto de la clase.

actividades

¡Hola! ¿Cómo te llamas?

HAZ UNA LISTA

Mudarse a otro lugar no siempre es fácil. Piensa cómo puede hacer amigos Marta en su nuevo vecindario. ¿Cómo darías la bienvenida a un nuevo estudiante o vecino? Escribe una lista de ideas para hacer nuevos amigos.

Todos somos especiales

ESCRIBE UN POEMA

Todos tenemos alguna cualidad. Escribe un poema que te describa a ti y a otra persona. Di por qué ambos son especiales.

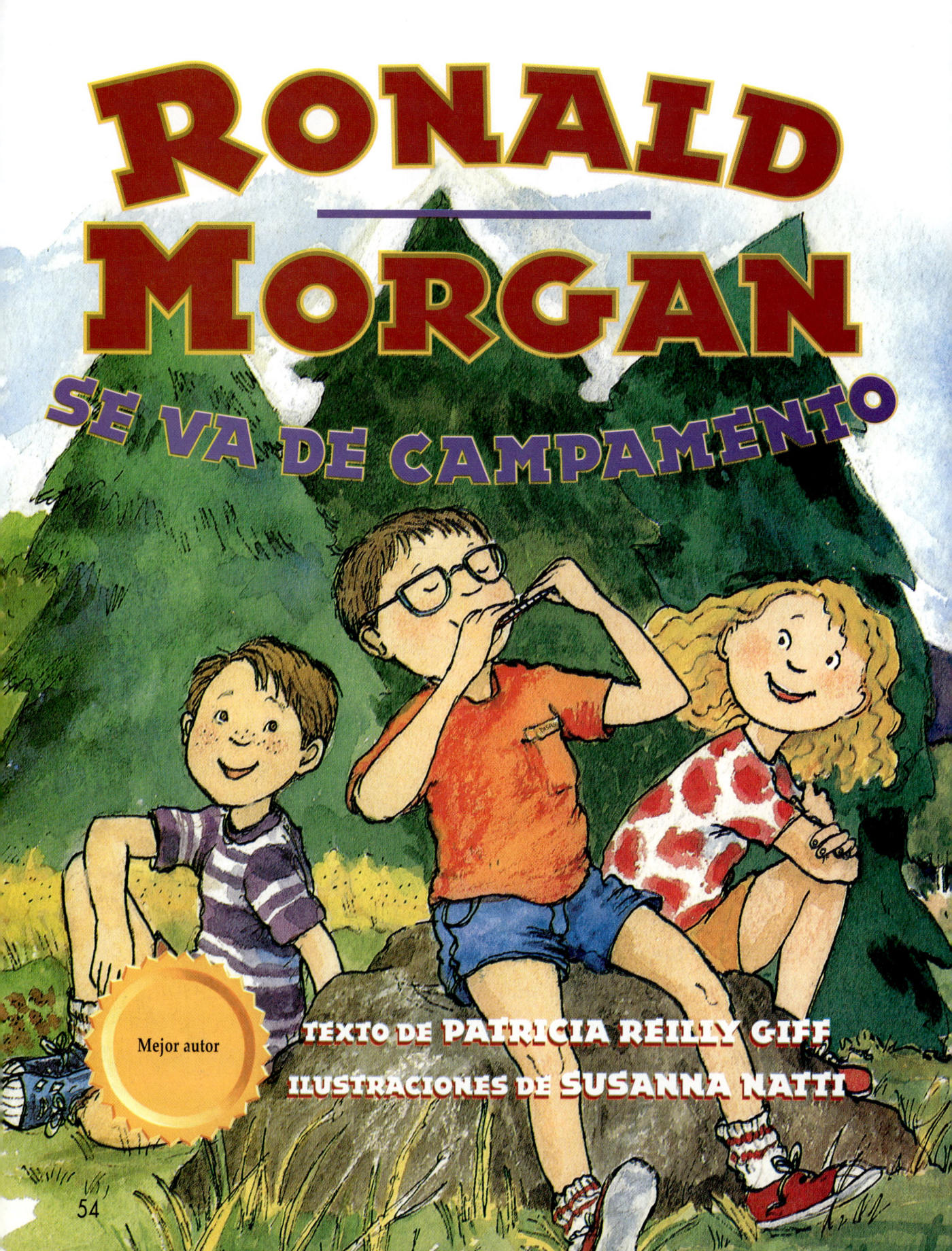

Llegó el verano y la escuela se acabó.

—Malas noticias —dije—, no hay nada que hacer.

—Yo tengo buenas noticias, Ronald Morgan. Nos podemos ir de campamento —dijo Michael.

—Buena idea —dijo Jan.

—Espléndido —opinó Rosemary—, podríamos ganar algunas medallas.

—Sí —agregó Michael—, sólo tienes que ser bueno en algo.

Me quedé pensativo. Yo no era bueno en nada, así que dije: —Creo que no iré.

Pero Billy negó con la cabeza, diciendo: —Entonces en verdad no tendrás nada que hacer.

Billy tenía razón. Mi padre sacó mi maleta y mi madre cosió en la ropa etiquetas con mi nombre. En el último momento metí en mis bolsillos mis viejos lentes verdes para el sol, la armónica que me regaló la tía Ruth, dos curitas, por si acaso, unas galletas y una bolsa de pasas que encontré debajo de mis calcetines.

Todos fueron a la estación de autobuses, hasta Lucky.

—¡Buen viaje! —gritó mi padre, mientras mi madre me lanzaba un beso.

—¡No te olvides de escribir! —exclamó la tía Ruth.

—Oh, oh —dije—, se me olvidó empacar un lápiz.

Ya en el autobús íbamos cantando:
*Al Lago del Eco vamos de campamento
y muchos amigos allá encontraremos...
Amigos encontraremos
en el Campamento del Lago del Eco...*

Rosemary no cantaba, sino que le decía a la conductora: —Voy a ganar un montón de medallas: en natación, en clavados, en atletismo y en...— Tampoco yo iba cantando. Trataba de imaginar en qué era yo bueno.

Jan tampoco iba cantando.

—Me siento mal siempre que viajo en autobús —me dijo—. Metí la mano en mi bolsillo, saqué unas pasas y se las ofrecí.

—Prueba esto —le dije—, quizás te sientas mejor.

—Tienen polvo encima —dijo—, pero saben riquísimas.

En ese momento Jimmy gritó: —¡Miren, ya llegamos!

Éste es el campamento del Lago del Eco.

La señora Conrad, nuestra guía, nos esperaba.

—Llámenme Connie, —nos dijo, y nos llevó de un lado a otro para que conociéramos el lago, la colina y los pinos.

—¡Miren! —dijo Michael. Nos arrodillamos a la orilla del lago para ver una rana verde y luego se acercó un pato de plumaje café que nos hacía "cuac, cuac".

—¡Qué bien nada! —dijo Michael mientras yo partía una galleta para dársela al pato.

—¿Tú crees que yo sea bueno para algo? —le pregunté.

—Claro —contestó levantando los hombros—, yo creo que sí.

Mientras corríamos para alcanzar a los demás, hacíamos "cuac cuac", como patos.

— Creo que ése es un insecto venenoso —dijo Tom.

Me acerqué para mirarlo.

—Creo que no es más que una araña zancuda.

El martes tomamos jugos tropicales y comimos plátanos. Jan se comió otra pasa. Luego me senté a practicar una canción en el Mirador de la Roca. Soplaba y resoplaba... la armónica. Se oía casi como:

*Al Lago del Eco
vamos de campamento
y muchos amigos
allá encontraremos...*

—¡Ey, roca! —gritó Michael—, allá voy. Pero en eso se resbaló. Yo me eché un clavado para ayudarlo, y juntos rodamos colina abajo. Fue divertido.

Y luego llegó la hora de la natación. Quizás yo era bueno para nadar. Connie gritó:

—¡En sus marcas... listos... salten!

La primera en saltar fue Rosemary.

—Mira —dijo—, una viborita.

—Creo que yo la llamaría Vibolita —le contesté.

Entonces, Tom gritó: —¡La víbora me persigue!

Dando saltos gigantes de roca en roca, fui para ayudarlo, pero me caí en el agua.

—¡Cuac! —me dijo Michael.

—¡Cuac! —le contesté.

El miércoles, Connie nos dijo: —Ahora vamos a jugar a las escondidillas.

Billy empezó a contar: "Dos, cuatro, seis..." Michael echó a correr por un lado; Jan corrió por el otro.

—Las pasas me ayudan a correr rápido —iba diciendo.

Tom y yo nos escondimos entre los arbustos.

—Oye —dijo Tom—, ya nos perdimos en este nido de mosquitos.

Para que alguien nos encontrara, empecé a tocar la armónica lo más fuerte que pude.

—¡Te encontré, Ronald Morgan, te toca! —gritó Billy. Pero antes saqué las curitas para cubrir las picaduras. Una para Tom y otra para mí.

El jueves por la noche nos tocó acampar al aire libre. Me puse los pantalones deportivos aunque tenía las rodillas sucias de lodo. En la fogata, asamos bombones sostenidos por palillos. También contamos cuentos.

Michael contó uno sobre un perro, y Alice otro de un MONSTRUO ESPANTOSO, GRIS...

—¡No sigas! —exclamó Jan tapándose los oídos.

Como no soy bueno para contar cuentos, mejor toqué la armónica y todos cantamos:

Al Lago del Eco vamos de campamento
y muchos amigos allá encontraremos...

El viernes nos dedicamos a hacer tarjetas que decían "Te extraño" para nuestros padres. Yo le hice también una a Lucky.

—¡Qué buen trabajo! —Connie iba felicitándonos a todos.

—Yo sí que extraño a mi mamá —dijo Jimmy—; y también extraño mi tele.

—¡Espera! —le dije, y le presté mis viejas gafas verdes para sol, para que nadie viera que sus ojos estaban rojos.

Y así llegó el sábado, día de la
entrega de medallas. Primero hicimos
dibujos. Después con pegamento
fijamos piedritas sobre el papel.

—Que queden bien —nos decía Connie—. Se las vamos
a enseñar a todos.

Nos pasamos un buen rato buscando piedras. Después nos
apuramos a hacer limpieza, empacar y preparar limonada,
porque la gente estaba a punto de llegar. Vendrían mi mamá,
mi papá, mi tía Ruth y hasta Lucky dentro de una canasta de picnic.

—Llegó la hora de las medallas —anunció Connie—. Todos fueron buenos en algo.

Yo moví la cabeza de un lado a otro y dije: —Yo no. Rosemary se llevó la medalla de natación y Jan la de atletismo. Billy obtuvo la de las escondidillas y la medalla de Michael fue por contar cuentos.

Por fin llegó mi turno.

—Ronald... —dijo Connie. Contuve la respiración.

—Tú obtuviste una medalla por... ser un buen amigo.

—Sí es cierto —dijo Michael.

—Sí —dijo Jan. Y todo el mundo aplaudió.

Después toqué la armónica por última vez, al tiempo que todos cantaban:

*Al Lago del Eco vamos de campamento
y muchos amigos allá encontraremos...*

Piénsalo

1 ¿Cómo demuestra Ronald Morgan que es un buen amigo con los demás?

2 ¿Por qué se volvieron importantes las cosas que Ronald llevaba en sus bolsillos?

3 ¿Crees que Ronald esté contento por haber ido al campamento? Explica tu respuesta.

Conoce a la autora
PATRICIA REILLY GIFF

A Patricia Reilly Gift le encanta leer, por eso se convirtió en escritora. Desde muy joven, Patricia leía todo el tiempo. De hecho, su hermana tenía que arrebatarle los libros de las manos para que la escuchara.

A Patricia le gusta escribir sobre las cosas que pasan en su vida. Pero también escribe acerca de las personas que conoce. Patricia fue profesora durante veinte años. Muchos de sus personajes son parecidos a sus alumnos. Ronald Morgan es casi idéntico a un estudiante que tuvo en una de sus clases.

Patricia se siente especialmente satisfecha cuando escribe libros sobre las cualidades de las personas. Ella comenta que se convirtió en escritora para "decirles a los niños que son especiales... que todos somos especiales e importantes porque somos únicos".

Conoce a la ilustradora
SUSANNA NATTI

Desde pequeña, el mayor anhelo de Susanna Natti era convertirse en artista. Susanna creció en Massachusetts en un ambiente de escritores y artistas. Su madre escribía cuentos infantiles. Por eso Susanna decidió ilustrar historias para niños.

Antes de ingresar a la universidad, Susanna Natti tomó lecciones de arte con un amigo de la familia. Él le enseñó a dibujar rostros de personas y animales y cómo hacer que los dibujos cobraran vida. Ha pasado el tiempo pero Susanna aún aplica la técnica que le enseñó su amigo: empieza con un boceto rápido y repasa los trazos hasta completar el dibujo.

Susanna Natti vive en Massachusetts, con su esposo y sus dos hijas.

Visita *The Learning Site*
www.harcourtschool.com/reading/spanish

Taller de

Querido tío Bill...

ESCRIBE UNA CARTA

Imagina que fuiste de campamento. Escribe una carta a algún familiar o amigo para contarle tus experiencias. Puedes decirle cómo te sentías al llegar y cómo te sientes ahora. Describe algo interesante o divertido que haya sucedido.

Unas serpientes vivas

HAZ UN CARTEL

Ronald Morgan no tenía miedo de la serpiente que había en el agua porque sabía que no era peligrosa. ¿Puedes distinguir una serpiente venenosa de una que no lo es? Busca en la biblioteca información sobre las serpientes que hay en la región donde vives. Haz un cartel con las especies más peligrosas.

actividades

La medalla es para...

OTORGA UN RECONOCIMIENTO

Ronald Morgan recibió una medalla por ser buen amigo con los demás. Piensa en una cualidad de un compañero o compañera de tu grupo. Da un reconocimiento a esa persona ante la clase. Explica por qué crees que merece el reconocimiento.

Prepara tu equipaje

RECUERDA LA LISTA

Imagina que te vas de campamento. Juega a la memoria con un grupo de compañeros. El primer estudiante debe decir: "Me voy de campamento. En mi equipaje llevaré…" El segundo repetirá lo que dijo el primero y agregará algo a la lista. Ésta debe continuar creciendo hasta hacerla lo más larga posible. ¿Cuántos objetos puedes recordar?

PRUEBA TU DESTREZA
Hacer predicciones

Cuando leíste "Ronald Morgan se va de campamento", ¿pensaste en lo que iba a suceder? Decir lo que sucederá después es **hacer predicciones.** Las predicciones te ayudan a comprender mejor la lectura. ¡Pero también pueden hacerla más divertida!

Cuando haces predicciones eres como un detective. Usas las **pistas** que hay en el texto para predecir. También puedes usar tus conocimientos previos y las imágenes.

Pistas
Ronald quiere ganar una medalla.

Conocimiento previo
Los personajes en los cuentos casi siempre solucionan sus problemas.

Predicción
Ronald ganará una medalla.

Conforme avanzas en la lectura encontrarás nuevas pistas. Eso significa que eres un **lector activo**. Piensa en esas pistas y usa tus conocimientos previos. Ahora puedes hacer nuevas predicciones. Sigue buscando pistas.

¡Si quieres, también puedes modificar tus predicciones! Lee el siguiente párrafo. ¿Qué crees que sucederá después?

—¡Papá, escuché un ruido! —susurró Joey, mientras Kelly movía la bolsa de dormir de su padre—. ¡Hay algo allá afuera!

—Olvidé mis zapatos afuera, papá —dijo Kelly—. ¿Qué tal si viene un oso y se los lleva?

Papá ya se había despertado.

—No hay osos por aquí, quizá sólo se trata de algún animal pequeño. ¿Dejaron algo más allá afuera? —agregó.

—Sólo la hielera —dijo Joey— pero la dejamos sobre la banca.

¿QUÉ HAS APRENDIDO?

1. ¿Cuáles son los dos elementos que necesitas para hacer predicciones?
2. Supón que lees un cuento sobre una persona muy, muy feliz. ¿Qué podrías predecir sobre sus acciones? Explica por qué.

INTÉNTALO • INTÉNTALO

Imagínate que en la historia anterior Joey escucha el ruido dentro de su tienda. Piensa cómo cambiarían tus predicciones. Haz un diagrama como el de la página 72 y muestra la información necesaria para realizar una nueva predicción.

Visita *The Learning Site*
www.harcourtschool.com/reading/spanish

Gatico

Texto de Severo Sarduy
Ilustraciones de Julieta Gutiérrez

Gatico

Había una vez un gato. Pero un gato tan chiquito, tan chiquito, que no se sabía qué nombre ponerle.

—¿Cómo lo llamaremos? —preguntaba la madre gato inquieta, mientras le ponía un abrigo de lana para que no cogiera frío y lo mecía suavemente entre sus brazos.

El padre gato, movió sus bigotones y, tocándose la sien derecha con una pata, declaró:

—Como ningún nombre es lo suficientemente chiquito para él, le pondremos simplemente Gatico.

—¿Gatico? —preguntó la madre—. Me parece que no es lo bastante chiquito.

Entonces, una idea iluminó los ojos anaranjados del padre gato:

—¡Ya sé! —maulló con seguridad—. ¡Le pondremos Gatico-Gatico!

Pasó el tiempo y Gatico-Gatico no creció. O casi nada. Era una miniatura de gato.

Si jugaba en un sillón, desaparecía bajo los cojines; cuando maullaba, se creía que era el grito de algún pajarito perdido.

Un día, un perrote pelirrojo, con la nariz chata, la cola enroscada y la lengua negra, lo tomó por un ratón. Lo persiguió por todo el jardín y, cuando Gatico-Gatico no pudo correr más, la fiera le cayó encima.

Pero era sólo para jugar. Ese día Gatico aprendió cómo se juega. Corría y corría para que el perrote lo persiguiera, y entonces se quedaba inmóvil; cuando el perrote, desconcertado, se iba, Gatico-Gatico daba un salto y se lanzaba a correr, más rápido que la primera vez. Los dos se echaban a reír.

Otro día, como Gatico-Gatico dormía un sueño tan profundo que había olvidado ronronear, los niños del vecindario creyeron que era un juguete de peluche y lo envolvieron en un papel para regalo adornado con estrellas y flores.

Ya iban a atarlo con una cinta de todos los colores que decía "Feliz cumpleaños", cuando el felino logró zafarse. Quiso asustarlos abriendo la boca y soplando muy fuerte, como si los fuera a regañar.

Tantas eran las confusiones debidas a su tamaño que Gatico-Gatico tuvo que escapar de ese mundo de gigantes y se fue muy lejos de su casa, muy lejos.

Lo primero que descubrió fue un río.

Para él, que se lavaba con la lengua —aunque, es verdad, una vez por día— tanta agua junta fue un verdadero pavor.

Más allá del río, que atravesó en una barca de pescadores, olfateando el aire —tan delicioso era el olor de pescado fresco— descubrió la selva.

Todo era enmarañado y estaba lleno de pájaros de todos los colores que cantaban a dúo, o en coro, como en una fiesta de mariachis.

También había serpientes que se enroscaban en los troncos y en las ramas, con su cuerpo cubierto de escamas tornasoladas como lentejuelas.

Pero el mundo de la selva, aunque no estaba poblado de gigantes, no era más clemente que el de su casa.

Había troncos tan filosos y protuberantes que parecían querer atrapar en sus garras de madera a todo el que pasara por allí. Las hojas lanceoladas y amenazantes eran espadas prestas al combate. Las frágiles lianas: una trabazón de sogas que en cualquier momento podía atarlo.

Las ortigas lo picaban; la verdolaga le dejaba en las patas un olor mentolado que lo obligaba a lavarse con la lengua de la noche a la mañana.

Como el pelo de Gatico-Gatico era gris y sedoso, el águila lo tomó por un topo que salía por la mañana de su cueva. Lo atrapó entre sus garras y lo alzó en el aire. Pero Gatico-Gatico se sacudió con tal fuerza y le dio tantos arañazos con sus uñitas, que logró caer.

Pero todo empezaba de nuevo. De otro modo, otra vez.

Gatico-Gatico se echó a llorar.

Lo consoló el paso de un tato, casi de su misma talla, sólo un poco más grande que él. Gatico-Gatico, demás está decirlo, no tenía ni la menor idea de lo que es un tigre rayado de oro, un mono roidor, con una máscara blanca y haciendo monerías, una hiena o un puma.

Lloró y lloró. Hasta que, cuando clareaba el alba, majestuosa como si subiera de la luz, volando estable, apareció la lechuza. Tenía las plumas blancas, con reflejos nacarados, y los ojos como dos brasas:

—¿Por qué lloras? —le preguntó a Gatico-Gatico.

—Porque soy muy chiquito. En el mundo de gigantes hinchados me tratan como un juguete inoportuno, y aquí todo tiene púas. No sé adónde ir, dónde podré vivir.

—¿De dónde vienes? —preguntó la lechuza.

—Del otro lado del río.

—¿Cómo te llamas?

—Gatico-Gatico.

—¡Ahí está el error! —exclamó la lechuza dando aletazos de alegría—. A partir de ahora —continuó, sabihonda y severa— te llamarás Gatón-Supergatón.

Gatico-Gatico escuchó con sorpresa este improvisado nombre, tan distinto al que le había dado su papá. Se trepó a un arbusto y durmió tranquilamente en un nido de paja abandonado.

Al otro día ya se despertó más robusto, grandote y musculoso, con deseos de tragarse al mundo.

Al día siguiente, era un gato monumental.

Piénsalo

1. ¿Por qué crees que Gatico-Gatico nació de ese tamaño?

2. ¿Piensas que Gatico-Gatico es un personaje real o fantástico?

3. ¿Crees que un nombre puede hacer más pequeño o más grande a alguien?

CONOCE AL AUTOR

Severo Sarduy

El escritor cubano Severo Sarduy nació en 1937 en la provincia de Camagüey. A los 23 años viajó a París y allí se dedicó a escribir poesía y otros géneros literarios, oficio por el que llegó a alcanzar fama en todo el mundo.

"Gatico-Gatico" es el único cuento para niños que escribió Severo Sarduy. Sobre "Gatico-Gatico" el autor dijo: "Tanto escribirlo como leerlo después, imitando las voces de los personajes, fue para mí un constante placer."

CONOCE A LA ILUSTRADORA

Julieta Gutiérrez

Desde pequeña, los libros han sido mi mundo. En mi biblioteca tengo gran cantidad de libros infantiles que me encanta leer.

Disfruto mucho ilustrar libros infantiles porque me permite darles a los niños un mundo de fantasía. Más que nada me gusta ilustrar libros que tengan que ver con niños y animales, así como con nuestro planeta, su cultura y tradiciones.

Antes de comenzar a ilustrar, cierro los ojos y pienso que paseo por la capital del país de la imaginación. Luego, tomo muchas hojas blancas y todo lo que pueda necesitar como colores, creyones, acuarelas… y entonces dibujo todo lo que imaginé.

Taller de

¡Puedo hacerlo!

ESCRIBE UN CUENTO

Gatico-Gatico tuvo que pasar muchas aventuras para encontrarse a sí mismo. Al conseguirlo, se sintió muy orgulloso. Escribe una historia sobre algo que te haya costado mucho esfuerzo. Describe cómo te sentiste al lograrlo.

Noticias ecológicas

LEE EN VOZ ALTA

Observa cómo leen los locutores de documentales televisivos. Busca en periódicos o revistas algún artículo breve que trate sobre ecología. Practica tu lectura con un familiar hasta que lo hagas como un buen locutor. Luego lee el artículo en tu grupo.

actividades

Lechuza sabihonda

HAZ UN COLLAGE

Realiza un collage en honor de la lechuza que ayudó a Gatico-Gatico. Primero haz el dibujo de la lechuza en un pliego de cartulina, luego pega dentro de esa figura pequeños trozos de distintos materiales (tela, cuero, cartón, periódico y todos los que se te ocurran) que le den forma. Recuerda que sus ojos deben ser muy grandes.

Renombra a tu mascota

HAZ UNA DESCRIPCIÓN

Anota en tu cuaderno, en forma de descripción, las cualidades de alguna mascota que te gustaría tener. Determina si el nombre que le pusiste es el adecuado. Si no es así, propón un nuevo nombre que le ayude a sentirse orgullosa.

LA MUJER ACUÁTICA

Texto de S. A. Kramer

Atlanta, Georgia. Juegos Olímpicos de 1996.
La competencia de los 100 metros estilo libre está por finalizar. Amy Van Dyken se está quedando atrás, pero no se da por vencida. Es su primera competencia olímpica y desea hacer un buen papel. Tiene veintitrés años y sueña con llevarse una medalla de oro a casa.

Faltan unos cuantos metros para llegar a la meta. Amy avanza dando brazadas frenéticas. Los espectadores sólo ven su gorro de baño, pues lleva la cabeza sumergida en el agua. Aunque está cansada, logra nadar más rápido. Ella siempre da todo lo que tiene.

Pero esta vez su esfuerzo no es suficiente. Amy llega en cuarto lugar. Ni oro, ni plata, ni siquiera bronce. Sin embargo, al abandonar la alberca no piensa en la derrota. Siente los músculos acalambrados por haber aumentado la velocidad. El dolor es tan agudo que no puede mantenerse en pie.

Amy cae en la plataforma de la alberca con el cuello y la espalda acalambrados. Jala aire por la boca. Los entrenadores tienen que sacarla en camilla.

¡Vaya manera de empezar las Olimpiadas! Amy no da crédito a su mala suerte. Aunque no es la primera vez que su salud se interpone en su camino.

Ya desde pequeña, Amy padecía de asma, enfermedad que dificulta la respiración. Los pulmones de Amy nunca han funcionado bien.

Siempre le faltaba la respiración cuando era niña. Subir un solo piso la dejaba sofocada y bufando. Cuando tenía siete años, el doctor le dijo que la natación la ayudaría. Así que Amy se dirigió inmediatamente a la piscina.

En un principio, no se notó su habilidad para la natación, sino todo lo contrario. A los doce años le resultaba difícil terminar una competencia. Muchas veces había tenido que detenerse a mitad de la alberca para tomar aire.

La situación no mejoró mucho en la escuela preparatoria. Amy se la pasaba siempre tosiendo. Era además torpe, delgada y con una estatura de ¡6 pies! Sus compañeros de clase le hacían burla. Amy se sentía como ratón de biblioteca.

Quién sabe cómo, pero logró integrarse al equipo de nado. El entrenador la puso en el grupo de relevos con otras tres muchachas.

Sus compañeras no estaban de acuerdo y se quejaron con el entrenador. Para obligarla a salir del equipo le lanzaron su ropa a la alberca.

Amy se sintió muy mal, pero no abandonó el equipo. Más tarde explicaría: "Soy muy tenaz; si alguien me dice que apesto, trato de probarles que están equivocados." Juró que un día sus compañeras la respetarían.

Ya en la universidad del estado de Colorado, Amy se integró al equipo de nado; siempre luchando contra el asma. Aunque llegó a las competencias nacionales juveniles de 1990, su velocidad no fue suficiente para formar parte del equipo olímpico de 1992.

Amy siguió entrenando para aumentar su velocidad. Aun así no logró participar en los juegos de campeonato de la Asociación Nacional de Atletismo Universitario (NCAA, por sus siglas en inglés) en 1993. Después de eso, contrajo una infección viral espantosa.

La joven nadadora se desanimó. Todo su trabajo de entrenamiento había resultado insuficiente para hacerla una campeona. "Esto es demasiado difícil", pensó Amy, "quiero ser normal". Abandonó la natación por algunos meses, pero no pudo alejarse por mucho tiempo. ¡Extrañaba tanto el agua!

Amy se lanzó de nuevo a la piscina. Aprendió a salir más rápido y a dar brazadas más fuertes. Se rasuraba el vello del cuerpo para incrementar su velocidad. Decía: "Si me dejo vello en las rodillas me puede costar una centésima de segundo."

Su actitud de máximo esfuerzo dio buenos resultados, ya que en 1994, en el campeonato mundial ganó la medalla de bronce en los 50 metros estilo libre y la Asociación Nacional de Atletismo Universitario la nombró nadadora del año. Al año siguiente, en 1995, batió las marcas estadounidenses en los 50 metros y en las 50 yardas estilo libre.

Amy pasaba por una buena racha. En 1996 obtuvo un lugar en el equipo olímpico. Esta vez ninguna de sus compañeras se quejó. Al contrario, se convirtió en su capitana. Parecían lejanos los terribles días de la escuela preparatoria.

Ahora está en los Juegos Olímpicos tendida en una camilla. Sus compañeras se ven preocupadas, pero Amy se ha recuperado de situaciones peores. Dice que es una "chica persistente", y con mucha razón. Dos horas más tarde los calambres disminuyen y se siente como nueva.

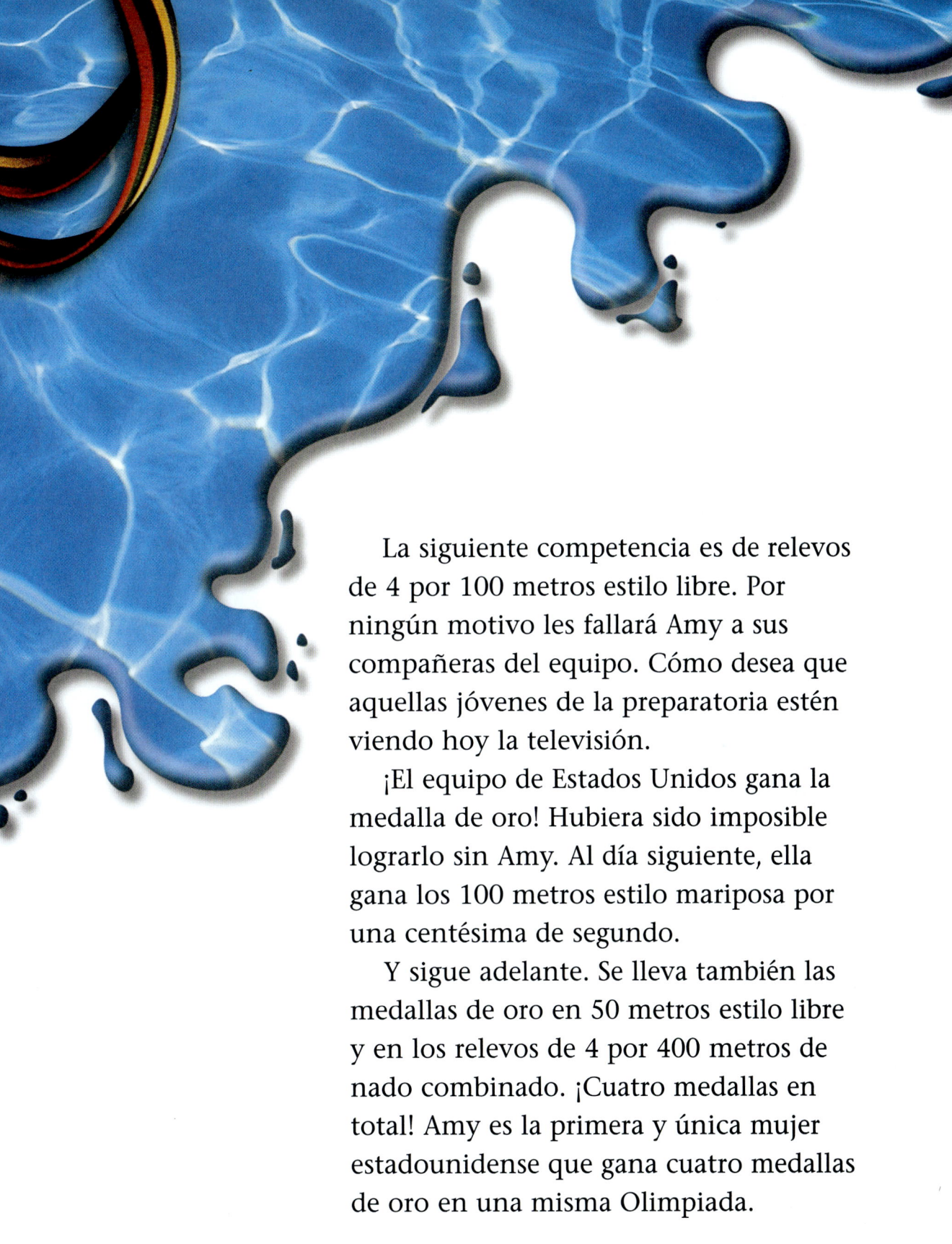

La siguiente competencia es de relevos de 4 por 100 metros estilo libre. Por ningún motivo les fallará Amy a sus compañeras del equipo. Cómo desea que aquellas jóvenes de la preparatoria estén viendo hoy la televisión.

¡El equipo de Estados Unidos gana la medalla de oro! Hubiera sido imposible lograrlo sin Amy. Al día siguiente, ella gana los 100 metros estilo mariposa por una centésima de segundo.

Y sigue adelante. Se lleva también las medallas de oro en 50 metros estilo libre y en los relevos de 4 por 400 metros de nado combinado. ¡Cuatro medallas en total! Amy es la primera y única mujer estadounidense que gana cuatro medallas de oro en una misma Olimpiada.

Ya nadie se burla de ella. Al contrario, ahora es casi una celebridad. Sus admiradores no la dejan en paz ni un momento. Usa nombres falsos en los hoteles para que no la reconozcan.

No se ha curado del asma, y en ocasiones debe mantenerse alejada de la piscina. Cuando se esfuerza demasiado acaba en el hospital y todavía toma medicina tres veces al día.

A menudo Amy piensa en el futuro. Quizás estudie biología o trabaje con niños sordos. De lo que sí está segura es de que la natación siempre formará parte de su vida.

Piénsalo

1 ¿Qué obstáculos encontró Amy Van Dyken en su camino antes de convertirse en campeona de natación?

2 ¿Te gustaría que Amy Van Dyken fuera tu amiga? Explica tu respuesta.

3 ¿Por qué crees que el autor habla de la niñez de Amy además de mencionar su participación en los Juegos Olímpicos?

La Nada

**Poema de Constance Levy
Ilustraciones de Kurt Nagahori**

El sol
bajo el mar
forma lazos dorados
que me envuelven
cuando los toco.
Me siento feliz
en este mundo
de aguas cristalinas,
frescas y azules.
Tomo aire,
me impulso con los brazos,
me impulso con los pies;
salen burbujas de mi boca.
No necesito cola ni aletas
para saber lo que los peces
sienten y ven.

Taller de

¡Qué trabajadora!
HAZ UNA LISTA

Amy Van Dyken trabaja duro. Lo sabemos porque el cuento dice que "agota hasta el último recurso". Haz una lista de ejemplos del cuento que demuestren que Amy trabaja duro.

Mi heroína
PRESENTA UN INFORME

Para cualquier competidor de natación, Amy Van Dyken es una heroína. En los Juegos Olímpicos de Atlanta, Amy ganó más medallas de oro que cualquier otra atleta estadounidense de la historia. ¿Quién es tu héroe o heroína? Investiga acerca de algún personaje que sea un héroe y presenta un informe ante la clase.

actividades

Ven tú, vengan todos
HAZ UN CARTEL

Imagínate que la escuela organiza un día de actividades al aire libre. ¡Hay carreras, competencias de salto y otras actividades divertidas! ¿Cómo puedes usar ilustraciones para invitar a tus compañeros a participar? Elabora un cartel que anime a los estudiantes a asistir a las actividades.

Hacer conexiones
DESCRIBE UN SUCESO

En el cuento "La mujer acuática" leemos la frase: "Amy avanza dando brazadas frenéticas". Esto nos permite imaginarla moviendo sus brazos con gran rapidez. Escribe una descripción de algún suceso deportivo, de tal manera que el lector pueda imaginar lo que sucede.

Conclusión del tema

¡Vaya personajes!

HAZ UN ESQUEMA

Piensa en los personajes principales de estos cuentos y artículos. ¿Cómo los describirías? ¿Usarías palabras como *amigable, tímido, talentoso o inteligente*? Haz un esquema como el que aquí se muestra, con las características de cada personaje. Señala las casillas correspondientes.

	inteligente	amigable	tímido	sensible
Rosendo				
Marta				
Ronald				
Gatico				
Amy				

Tus favoritos

HAZ COMENTARIOS

Comenta las lecturas de esta sección con algún compañero. Pueden responder las siguientes preguntas:

- ¿Cuál es tu cuento favorito? ¿Por qué?
- ¿Quiénes son los personajes más interesantes en ese cuento?
- ¿Hay algún diálogo o frase que te gustaría recordar?
- ¿En qué se parecen los cuentos, los poemas y los artículos? ¿En qué son diferentes?

¿Cuál es el mensaje?

REDACTA UN PÁRRAFO

El título del tema es "Alguien especial". Elige dos lecturas de este tema. Escribe algunos enunciados que expliquen por qué crees que los autores muestran a sus personajes como alguien especial.

TEMA

¡Qué equipo!

Contenido

El labrador y sus hijos 110
Esopo, adaptado por Beatriz Barnes

Prueba tu destreza
Elementos narrativos: escenario 130

Bahía de tortugas 132
Saviour Pirotta

El bote de mis sueños 152
Charles Ghigna

El monstruo Graciopeo 156
Linda Marcos Dayán

Prueba tu destreza
Claves de contexto 170

La cometa maravillosa 172
Rosalía García Román

**Peque Gruñón y
el huevo gigante** 184
Tomie dePaola

Un hogar propio 204
Carol Pugliano

Los favoritos de

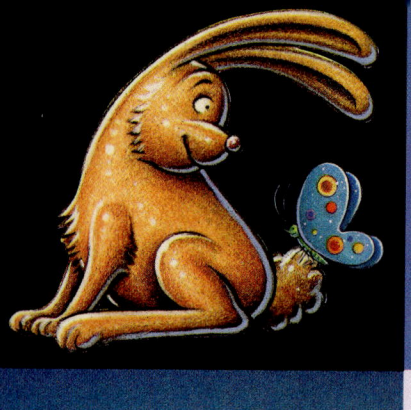

El prado del tío Pedro
de María Puncel
Ficción realista
Tres hermanos pierden la herencia que les dejó su tío Pedro; esta experiencia les enseña una lección.

¡Cerdos a montones, cerdos a granel!
de David McPhail
Cuento fantástico
Cientos de cerditos haciendo travesuras dentro de una casa. Cochinitos de todas clases, tamaños y colores.

los lectores

Yo te curaré, dijo el pequeño oso
de Janosch
Cuento

Un pequeño tigre se enferma y es cuidado por osito. Cuando el tigre se cura, el osito desea enfermarse para que su amigo lo recompense con los mismos cuidados.

¿Seguiremos siendo amigos?
de Paula Danziger
Ficción realista

Ámbar y Justo son amigos desde que eran pequeños, pero Justo se irá a vivir a otra ciudad.

COLECCIÓN DE LECTURAS FAVORITAS

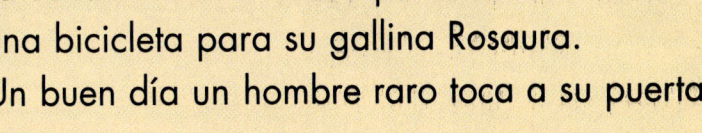

Rosaura en bicicleta
de Daniel Barbot
Fantasía

La señora Amelia busca por toda la ciudad una bicicleta para su gallina Rosaura. Un buen día un hombre raro toca a su puerta.

EL LABRADOR Y SUS HIJOS

Fábula de Esopo • Adaptación de Beatriz Barnes
Ilustraciones de Ricardo Peláez Goycochea

Cuando el viejo labrador estaba para morir, llamó a sus dos hijos y les dijo:

—Quiero hablarles a solas y con tranquilidad; estoy muy viejo, así que voy a morir; pero antes quiero decirles un secreto. Esta tierra fue de mi tatarabuelo y después de mi bisabuelo. Cuando él murió, la recibió mi abuelo, y después mi padre. Ahora ha sido mía, pero yo ya no puedo trabajarla. Así que, en adelante, ustedes serán los dueños de la tierra, y todo lo que hay en ella les pertenecerá.

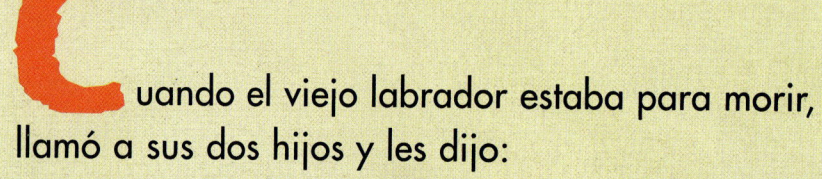

Y agregó:

—En algún lugar hay un tesoro escondido. No sé dónde se encuentra. Pero, con un poco de trabajo, lo hallarán.

—Nunca nos habías hablado de eso antes —dijeron los hijos.

—Esperaba este momento —les respondió el anciano padre—. Ahora les diré lo que tienen que hacer. Cuando terminen de cosechar el trigo, el lino y el maíz que se ha sembrado este año, caven, registren, remuevan la tierra palmo a palmo… ¡No dejen ni un pedacito sin remover y de seguro que encontrarán el tesoro enterrado!

El viejo labrador murió y sus dos hijos esperaron hasta la cosecha.

Cuando los campos estuvieron maduros, comenzó la siega y los hijos trabajaron con más ahínco que nunca, para terminar de una vez y ponerse a buscar el tesoro. No les gustaba mucho trabajar, pero eran bastante ambiciosos.

Cuando terminó la cosecha, uno de ellos le dijo al otro:
—Nos repartiremos el trabajo; tú removerás el campo de trigo y el de girasol, yo, el de lino y el de maíz.

El otro aceptó e inmediatamente se pusieron a cavar. Trabajaron todos los días de muchos meses con gran entusiasmo. A cada golpe de azadón les parecía que iba a aparecer el tesoro y así seguían removiendo y removiendo la tierra.

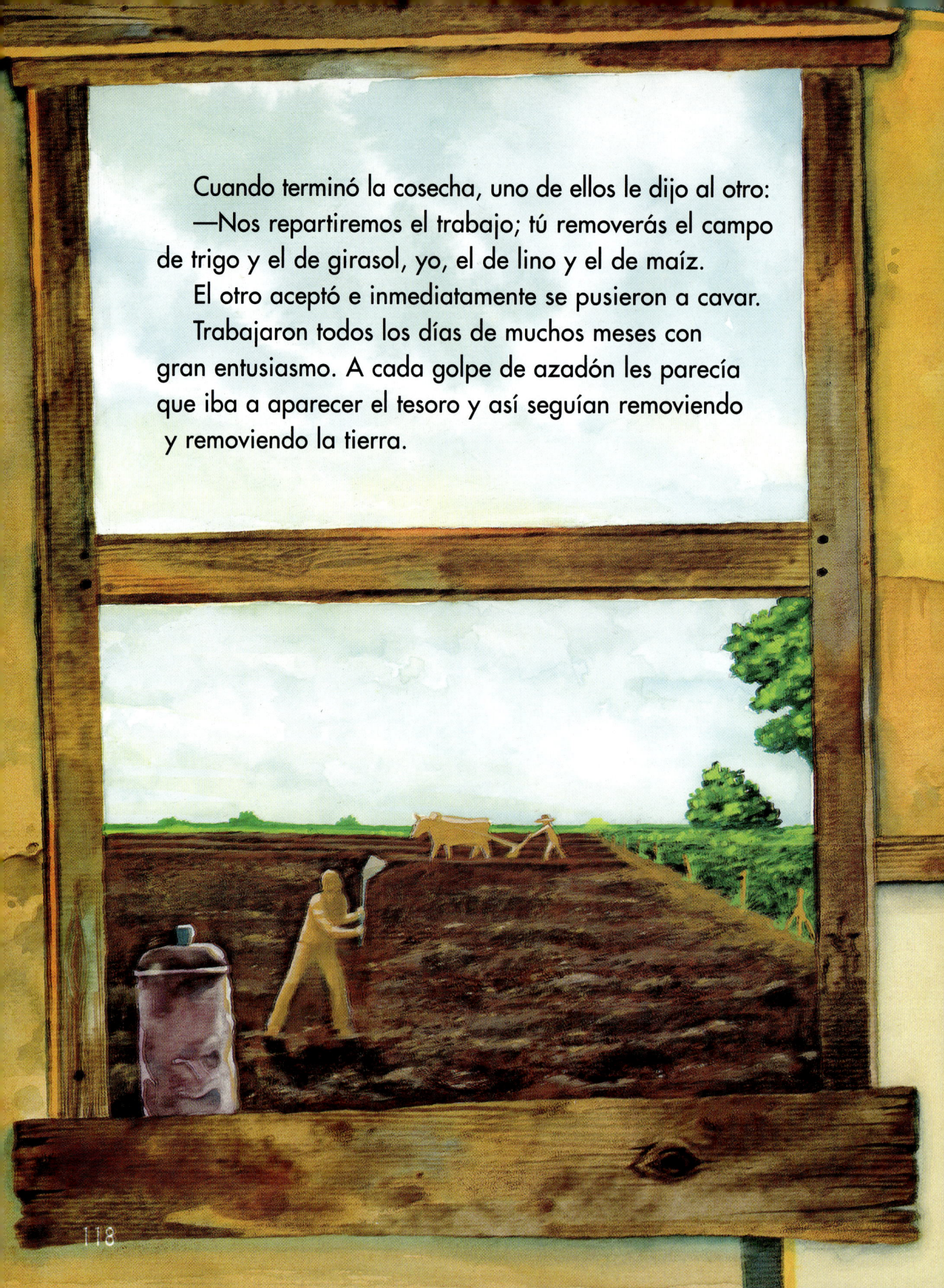

Cuando les faltaba un poquito para terminar y aún no habían encontrado nada, uno le dijo al otro:

—¿Qué te parece si, ya que tenemos el campo tan removido, sembramos un poco? ¡Así, mientras seguimos buscando, crecerá el trigo! Y podemos sembrar también lino, maíz, girasol… ¡De todo!

—Me parece muy bien —dijo el otro.

Y mientras uno sembraba, el otro seguía removiendo y removiendo, hasta que no quedó más que un pedacito de tierra de la extensión de un zapato.

Entonces uno le dijo al otro:

—Queda solamente este pedazo de tierra, no creo que haya aquí ningún tesoro.

Y era verdad, removieron aquel pedacito de tierra y no había nada.

Pero, mientras tanto, el trigo, el lino, el maíz y el girasol habían crecido y, de la tierra tan removida y trabajada, habían salido espigas y mazorcas que parecían de oro; las flores rojas y azules del lino brillaban como piedras preciosas bajo la luz del sol; los girasoles eran enormes y brillantes como las monedas que guardan los piratas en sus cofres…

Entonces uno de los hermanos le dijo al otro:
—¡Mira el campo! ¡No parece el mismo de antes! ¡Parece un!...
—¡Parece un tesoro! —dijo el otro.
—¡Sí! ¡Un enorme tesoro!
—¡Y lo hemos hecho nosotros!
—¡Removiendo la tierra palmo a palmo!
—¡Un tesoro que ha salido del fondo de la tierra!
—¿Te parece que sabría esto nuestro padre?
Y en aquello pensaban aún, mientras recogían la espléndida cosecha.

Así que, año tras año, volvieron a remover la tierra bien a fondo, y a sembrar y a recoger.

Hasta que estuvieron viejos y cansados.

Entonces llamaron ellos a sus hijos y les dijeron bajito:

—En el campo hay un tesoro escondido...

Y los hijos removían la tierra con tanto vigor y entusiasmo, que todo lo que nacía, crecía fuerte y hermoso, y brillaba al sol como un tesoro...

Entonces los hijos se daban cuenta, pero siempre se preguntaban, mientras recogían las cosechas:

—¿Sabrían nuestros padres de estas cosas?

Y el trigo y el lino y el maíz y el girasol les daban la respuesta.

Piénsalo

1. ¿Dónde estaba escondido el tesoro del que habló el labrador?

2. ¿Qué hicieron los hijos para encontrar el tesoro?

3. ¿Por qué estaba florido el campo al final de la historia?

CONOCE AL AUTOR
ESOPO

¿Has escuchado hablar de la antigua Grecia? Bueno, pues yo viví en una ciudad de la Grecia de aquel entonces llamada Frigia, entre los años 620 y 560 antes de Cristo, y fui un esclavo liberado.

Mi nombre se relaciona con fábulas de animales transmitidas de manera oral desde hace muchísimo tiempo. Muchas de mis fábulas se han vuelto a escribir o han influido en las de algunos autores famosos, como las de Jean de la Fontaine, escritor francés del siglo XVII, y las del español Félix María de Samaniego, del siglo XVIII.

Pero la fábula que acabas de leer, adaptada en 1995 por la argentina Beatriz Barnes, es una prueba de que hoy todavía sigue viva la herencia literaria que dejé a la humanidad.

Por cierto, ¿sabías que la palabra *fabuloso* se deriva del nombre de los textos como los que yo escribí?

CONOCE AL ILUSTRADOR
RICARDO PELÁEZ GOYCOCHEA

Nací en la ciudad de México, allá por 1968.

Mi abuelo paterno fue escultor a principios de siglo. En aquella época tal oficio era común; mi abuelo adornaba edificios, monumentos y casas de la ciudad de México. Yo no lo conocí; sin embargo, es probable que de él haya heredado la habilidad para dibujar y el gusto por las ilustraciones.

Algo de lo que más me gusta de mi trabajo de dibujante es ilustrar libros infantiles. Siempre intento que las imágenes tengan la magia necesaria para atrapar la atención de los niños; por eso, mi público más importante y exigente lo forman mis dos pequeños hijos.

Carta a mis hijos

ESCRIBE UNA CARTA

Imagina que en el cuento, los hijos del labrador viven en otro lugar, y que él te pide que le ayudes a escribir una carta a sus hijos para decirles lo del tesoro. Redáctala y compárala con las de algunos de tus compañeros.

Taller de

Tesoro a la vista

HAZ UNA DESCRIPCIÓN

El cuento dice que cuando los hermanos terminaron de remover la tierra descubrieron que lo que habían sembrado parecía un tesoro. Con tus propias palabras, describe en un párrafo cómo imaginas esa escena.

Diploma al esfuerzo
OTORGA UN RECONOCIMIENTO

Escribe sobre una cartulina los premios que darías al trabajo en equipo de los hijos del labrador y al esfuerzo realizado para encontrar y conservar el tesoro. Decora la cartulina con dibujos de las herramientas y utensilios del campo que creas que emplearon para lograr su cosecha.

actividades

Del campo a la mesa
HAZ UN COLLAGE

Seguramente tu estado es famoso por el cultivo de ciertas plantas y frutos. En un pliego de cartulina y con recortes de periódicos y revistas elabora un collage. Muestra las plantas, los frutos y algunos platillos que dan fama a tu estado.

PRUEBA TU DESTREZA

Elementos narrativos

Como todos los cuentos, "El labrador y sus hijos" tiene tres elementos importantes: el **escenario,** que es cuándo y dónde ocurren las acciones, los **personajes,** que son las personas y los animales del cuento, y el **argumento,** que es de qué trata el cuento.

Este diagrama del cuento muestra los tres elementos principales de "El labrador y sus hijos".

Escenario
Una finca en el campo

Personajes
El labrador y sus dos hijos

Argumento
Los hijos del labrador remueven la tierra para encontrar el tesoro.

Sucesos importantes
- La muerte del labrador.
- El labrador les deja un tesoro escondido a sus hijos.
- Los hijos del labrador remueven la tierra para encontrar el tesoro.
- Al remover la tierra aprovechan para sembrar distintas semillas.

Solución
Los hijos del labrador se dan cuenta de que el tesoro escondido es todo lo que lograron cosechar y cultivar con su trabajo.

Encontrar los problemas y las soluciones en el cuento te ayudará a entender el argumento. Conocer el escenario del cuento te ayudará a imaginar cuándo y dónde tiene lugar la historia. Saber lo que dicen y hacen los personajes te ayudará a comprender sus acciones.

¿Qué elementos narrativos hay en el siguiente párrafo?

Reggie se dirigió despacio al establo. Dentro, acostado al lado de la vaca, había un perro grande. El perro se levantó y se paró frente a Reggie. "¿Es ese tu perro mascota?", le preguntó Reggie a su primo Joel. Reggie nunca había visto un perro tan grande. "Yo sé mucho sobre juegos de computadora, pero no tengo idea de cómo llevarme con un perro que es tan grande como un caballo", dijo.

¿QUÉ HAS APRENDIDO?

1. Recuerda algún cuento que hayas leído. ¿Cómo cambiaría el cuento si tuviera un escenario diferente?

2. Imagina que vas a escribir un cuento. Decide el escenario, los personajes y el argumento de tu cuento.

INTÉNTALO • INTÉNTALO

Escoge un cuento que hayas leído recientemente. Elabora un diagrama del cuento como el de "El labrador y sus hijos" para que digas cuál es el escenario. Describe cuáles son los personajes y el argumento del cuento.

Bahía de tortugas

Texto de **SAVIOUR PIROTTA**
Ilustraciones de **NILESH MISTRY**

Libro notable en Estudios sociales; Libro Sobresaliente en Ciencias

Taro y Jiro-San eran amigos.
Jiro-San le mostró a Taro cómo alimentar a las jaibas con trozos de pescado descompuesto. Le enseñó a bucear para sacar esponjas. Y cuando el mar se ponía muy bravo y era difícil nadar, lo llevaba al fondo de las pozas rocosas y allí se quedaban muy quietos para ver a los caballitos de mar retozando entre las algas marinas.

A Yuko, la hermana de Taro, no le caía bien Jiro-San.
—Es muy raro —decía—. El año pasado mis amigos lo vieron barriendo la playa con una escoba.
—No, no es raro —respondía Taro—. Es viejo y sabio y conoce secretos maravillosos.

Un buen día, Taro encontró a Jiro-San sentado en una gran roca.

—¿Qué estás haciendo? —le preguntó.

—Estoy oyendo —dijo Jiro-San—. El viento me trae un mensaje.

Taro se sentó en la roca y se puso a oír. Pero sólo escuchó el graznido de las gaviotas.

—¡Ajá! —dijo finalmente Jiro-San—. Ahora comprendo... Ya vienen mis viejas amigas.

—¿Quiénes son tus viejas amigas? —le preguntó Taro.

—Ya verás —le contestó Jiro-San.

Al día siguiente, Jiro-San llegó con dos escobas y le dio una a Taro.

—Es para barrer la playa —le dijo.

A Taro se le fue el alma al suelo. Después de todo, Yuko tenía razón: Jiro-San era muy raro.

—Hay mucha basura y vidrios rotos en la playa —le explicó Jiro-San—. Mis amigas no llegarán si hay vidrios rotos. Saben que podrían lastimarse.

El niño y el anciano barrieron la playa de un extremo a otro. Levantaron todos los desperdicios y los pusieron en el carrito de Jiro-San. En poco tiempo la playa quedó más limpia de lo que había estado en todo el verano.

Jiro-San se veía satisfecho.

—Te espero esta noche en la gran roca —le dijo a Taro.

Taro cenó lo más rápido que pudo.

—Parece que tienes mucha prisa —le dijo su mamá.

—Sí —aclaró Taro—; hoy llegan las amigas de Jiro-San.

—¿Y quiénes son sus amigas? —quiso saber su madre.

—Es un secreto —respondió Taro.

—¿Qué clase de secreto? —preguntó Yuko.

Taro no contestó. Se lavó las manos y salió a reunirse con Jiro-San.

—Mira —le indicó el viejo, señalando hacia el mar. Taro vio un banco de delfines que surcaba las olas.

—¿Son ellas las amigas que esperas? —le preguntó.

—No —respondió Jiro-San—. Mis amigas tal vez lleguen mañana por la noche.

Taro esperó pacientemente todo el día. En la noche fue a reunirse de nuevo con Jiro-San. En esta ocasión, el viejo había sacado el bote del cobertizo. Jiro-San tomó los remos y los dos se dirigieron mar adentro.

Al cabo de un rato, el anciano dijo:

—Tenemos acompañantes.

Taro vio cuando una enorme ballena sacaba su cola fuera del agua. Un ballenato nadaba a su lado.

—¿Son las amigas que esperas? —preguntó Taro.

—Son amigas —dijo Jiro-San—, pero no las viejas amigas a las que me refería. Quizás lleguen mañana.

La noche siguiente, Jiro-San se hallaba de nuevo en el bote.

—¿Adónde vamos? —quiso saber Taro.

—Hacia allá —dijo Jiro-San. Y remó hacia una bahía secreta en una pequeña isla. Allí, Taro vio tres enormes peces con narices de espada.

—¿Son tus viejas amigas? —preguntó Taro.

—Todos los peces son mis amigos —dijo Jiro-San—. Pero no son las amigas que estoy esperando. Parece que este año se les hizo tarde. Tal vez no vengan después de todo.

—No te pongas triste —le dijo Taro—. Quizás lleguen mañana.

Al día siguiente, Taro le preguntó a Yuko después de la cena:

—¿Quieres venir a esperar a las viejas amigas de Jiro-San?

Yuko no tenía nada que hacer, así que siguió a Taro hasta las grandes rocas, pateando la arena del camino.

—¡Shhhh...! —les dijo Jiro-San— creo que por fin llegaron.

Yuko y Taro vieron una forma oscura que se movía hacia la playa. Era enorme y se bamboleaba en el agua como un enorme corcho.

Al fin los niños pudieron ver lo que era: ¡una tortuga!

—Vienen a poner sus huevos en nuestra playa —dijo con orgullo Jiro-San.

Trabajosamente la tortuga llegó a la playa y comenzó a cavar con sus aletas. Cuando el hoyo estuvo bastante profundo, depositó en el nido casi cien huevos de color crema. Después rellenó el hoyo con sus aletas traseras, echó más arena con sus aletas delanteras y regresó apresuradamente al mar.

—Va a avisarles a las demás —dijo Jiro-San.

—¿Qué es lo que les va a avisar? —preguntó Yuko.

—Que la playa es segura —respondió Taro muy contento.

Al día siguiente, Yuko llegó a la playa con su propia escoba.

—¿Puedo ayudar a barrer la arena? —preguntó.

—¡Por supuesto! —dijo Jiro-San—. Entre más gente lo haga, más segura será la playa para las tortugas.

Entre los tres amigos barrieron toda la basura que habían dejado ese día los visitantes de la playa. Después fueron a sentarse a las rocas a ver la llegada de más tortugas. Eran muchísimas, todas enormes, viejas y sabias, igual que Jiro-San.

—Ahora —les dijo Jiro-San—, deberán tener mucha paciencia y esperar hasta que yo los llame nuevamente.

Ocho semanas más tarde, Jiro-San les dijo a los niños que lo buscaran al caer la noche.

—Siéntense en las rocas, por favor, y miren al suelo —les dijo.

Los niños se quedaron mirando al suelo y esperaron un tiempo que les pareció eterno. Cuando salió la luna, vieron que algo se movía bajo la arena, algo pequeño, ágil e impaciente.

—¡Es una tortuguita! —gritó Taro— ¡Están saliendo de los huevos!

Poco tiempo después la playa se llenó de tortuguitas. Había cientos de ellas, todas aleteando hacia el mar. Los niños no podían creer lo que miraban.

—Jiro-San no está tan loco, ¿verdad? —le susurró Taro a Yuko.

—No —respondió Yuko—. Es viejo y sabio... y guarda muchos secretos maravillosos.

Piénsalo

1. ¿Cómo ayudan Jiro-San, Taro y Yuko a las tortugas?

2. ¿Tú también habrías ayudado a Jiro-San a limpiar la playa? Explica tu respuesta.

3. ¿Qué tipo de persona es Jiro-San? ¿Cómo lo sabes?

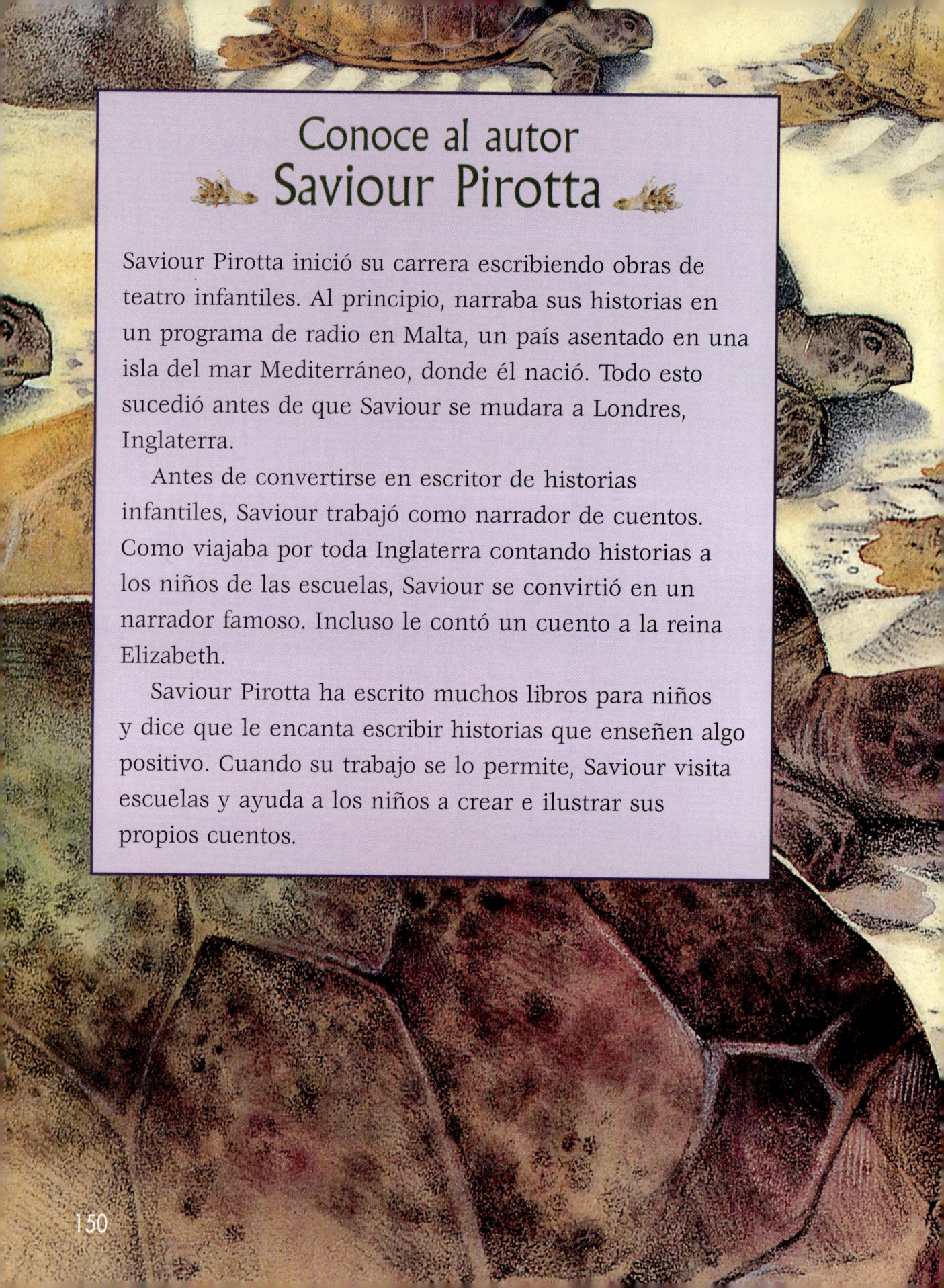

Conoce al autor
Saviour Pirotta

Saviour Pirotta inició su carrera escribiendo obras de teatro infantiles. Al principio, narraba sus historias en un programa de radio en Malta, un país asentado en una isla del mar Mediterráneo, donde él nació. Todo esto sucedió antes de que Saviour se mudara a Londres, Inglaterra.

Antes de convertirse en escritor de historias infantiles, Saviour trabajó como narrador de cuentos. Como viajaba por toda Inglaterra contando historias a los niños de las escuelas, Saviour se convirtió en un narrador famoso. Incluso le contó un cuento a la reina Elizabeth.

Saviour Pirotta ha escrito muchos libros para niños y dice que le encanta escribir historias que enseñen algo positivo. Cuando su trabajo se lo permite, Saviour visita escuelas y ayuda a los niños a crear e ilustrar sus propios cuentos.

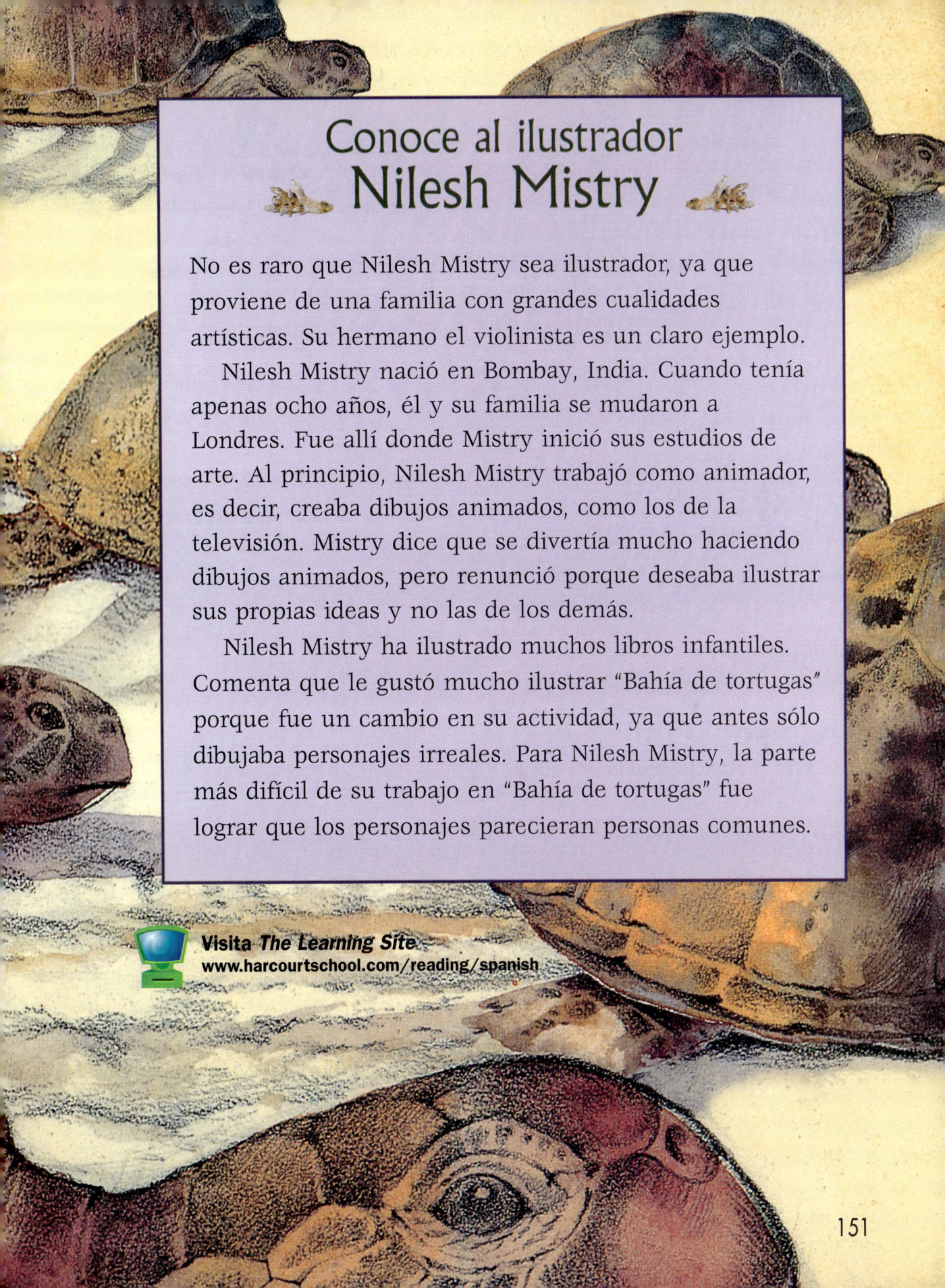

Conoce al ilustrador
Nilesh Mistry

No es raro que Nilesh Mistry sea ilustrador, ya que proviene de una familia con grandes cualidades artísticas. Su hermano el violinista es un claro ejemplo.

Nilesh Mistry nació en Bombay, India. Cuando tenía apenas ocho años, él y su familia se mudaron a Londres. Fue allí donde Mistry inició sus estudios de arte. Al principio, Nilesh Mistry trabajó como animador, es decir, creaba dibujos animados, como los de la televisión. Mistry dice que se divertía mucho haciendo dibujos animados, pero renunció porque deseaba ilustrar sus propias ideas y no las de los demás.

Nilesh Mistry ha ilustrado muchos libros infantiles. Comenta que le gustó mucho ilustrar "Bahía de tortugas" porque fue un cambio en su actividad, ya que antes sólo dibujaba personajes irreales. Para Nilesh Mistry, la parte más difícil de su trabajo en "Bahía de tortugas" fue lograr que los personajes parecieran personas comunes.

Visita *The Learning Site*
www.harcourtschool.com/reading/spanish

El bote de mis sueños

Texto de Charles Ghigna
Ilustrado por Dave Calver

Si un bote construyera,
y un deseo pidiera,
elegiría como ayudantes
a delfines, ballenas y peces navegantes.

El pez sierra cortaría las tablas,
el mástil y las amarras;
y el tiburón que llaman martillo
pondría los clavos al dedillo.

En vez de lámparas, si me ayuda,
la anguila eléctrica serviría sin duda.
el delfín con su aleta dorsal
sería la quilla en alta mar.

Del pez vela usaría su lomo
para navegar suave como palomo;
¡y como ancla pediría
una ballena al final del día!

El capitán de la nave debería ser
(si mi deseo cumplido pudiera ver),
un pez que por su audacia prefiero:
el inteligente pez romero.

Taller de actividades

¿Cómo pasé mis vacaciones?

ESCRIBE UN INFORME

Imagínate que eres Taro o Yuko. ¿Qué podrías contar a tus compañeros acerca de tus vacaciones pasadas? Escribe un informe sobre lo que hiciste. Asegúrate de mencionar cómo ayudaste a los amigos de Jiro-San a limpiar la playa. Si lo deseas, escribe también sobre algunos animales extraordinarios que hayas visto.

¡Vamos a limpiar!

ELABORA UN PLAN

Jiro-San, Taro y Yuko limpiaron la playa para ayudar a las tortugas. Trabaja con un compañero y piensa en un lugar que puedan limpiar: una playa, un parque o el patio de tu escuela, por ejemplo. Elaboren un plan. Hagan una lista de las personas y los utensilios que necesitarán.

Hacer conexiones

COMPLETA UN POEMA

"El bote de mis sueños" nos dice cómo las diferentes especies marinas ayudan a construir y a navegar un barco. Escribe dos versos más para el poema. En ellos di cómo algunas de las especies de "Bahía de tortugas", como por ejemplo el pez espada y las tortugas marinas, ayudarían.

La vida en el mar

HAZ UN COLLAGE

A Taro le encantan los animales marinos. Haz un collage con diferentes tipos de animales marinos. Haz dibujos o recorta imágenes de revistas viejas. Pega las imágenes en una hoja de papel. Escribe el nombre de cada animal debajo de la imagen correspondiente.

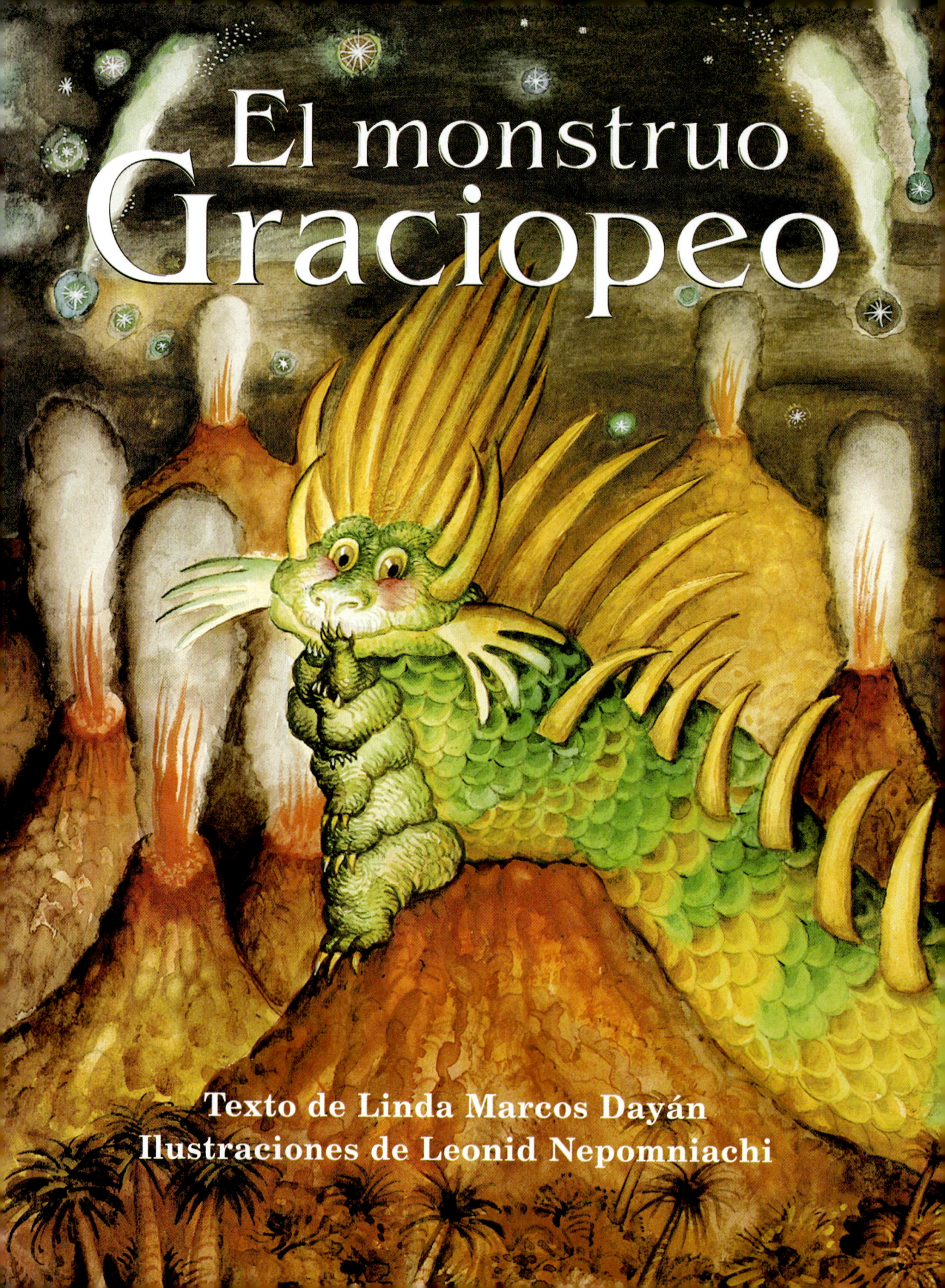

En la época de los dinosaurios vivió en la superficie de la Tierra un inmenso monstruo llamado Graciopeo.

Graciopeo era de color verde encendido. Tenía el cuerpo y la larguísima cola cubiertos de escamas, y en su enorme cabeza resaltaban sus ojos negros que reflejaban las imágenes como un espejo. Se paseaba ondulando su cuerpo y guardando el compás con sus diez patas.

A pesar de tener un aspecto temible e imponente, Graciopeo era inofensivo y amable. Sin embargo, todos los dinosaurios le temían, incluso el tiranosaurio rey.

Como no podía dormir, Graciopeo siempre tenía sueño y no dejaba de bostezar. Al abrir la boca lanzaba unas llamaradas que parecían miles de lenguas gigantes rojas, amarillas y azules. Por las noches, los bostezos del monstruo eran más luminosos que los mismos relámpagos.

Los dinosaurios tenían la esperanza de que llegara el día en que el monstruo se durmiera, pero Graciopeo nunca dormía.

Cuando Graciopeo se daba cuenta de que asustaba a los animales, y que las crías de los dinosaurios corrían a esconderse en las cavernas, procuraba irse para no molestarlos. Pero, por más que se alejaba, los animales no dejaban de sentir el calor de las llamaradas.

Graciopeo había probado beber manantiales y lagos enteros, pero la flama dentro de él no se extinguía.

Un día, el jefe de los dinosaurios reunió al braquiosaurio, al triceratops, al anquilosaurio, al arqueópterix, al ictiosaurio, al estegosaurio y a muchos más, para buscar la forma de platicar con el monstruo.

Entre todos llegaron a la conclusión de que, aunque Graciopeo los asustaba mucho, nunca les había hecho daño. Los padres y los abuelos de los dinosaurios tampoco recordaban que los hubiera lastimado.

Después de hablar largamente, decidieron ir ganándose la amistad del monstruo con mucha cautela. En lugar de huir de él, poco a poco empezaron a saludarlo y a mirarlo de cerca. Graciopeo ponía cara de contento y tenía mucho cuidado de bostezar hacia arriba para no quemar a nadie.

La amistad fue creciendo. El monstruo ayudaba a los dinosaurios a conseguir su alimento, los curaba cuando estaban enfermos y cuidaba a sus pequeños.

Fueron tantos los favores que todos recibieron de Graciopeo que se pusieron de acuerdo para reunirse y hacerle un regalo.

Ese día llegaron animales de todo tipo y de todas partes.

Se acomodaron alrededor de Graciopeo, le explicaron el motivo de la reunión, y le pidieron que les contara su historia.

Entonces Graciopeo se acomodó y comenzó a contarles...

—Yo nací antes que todos ustedes en un lugar profundo de calor y fuego. Un día una explosión muy fuerte me lanzó, entre giros y giros, a la superficie de la Tierra. Desde entonces, camino y camino sin poder dormir. Busco la forma de regresar a mi casa, que es el centro de la Tierra. He recorrido montañas, valles, lagos y mares. Ahora les pido a ustedes que me ayuden a encontrar mi camino. Ése sería el mejor regalo para mí.

Después de este relato, Graciopeo bostezó largamente lanzando una llamarada que llegó hasta el cielo. Luego se marchó.

El consejo de los dinosaurios decidió poner a todos a cavar y cavar para acercarse al centro de la Tierra y abrirle a Graciopeo un camino de regreso.

Trabajaron días y días hasta hacer un túnel cuyo final no se veía, un enorme túnel que continuaba hacia abajo, sin salida. Un túnel infinito.

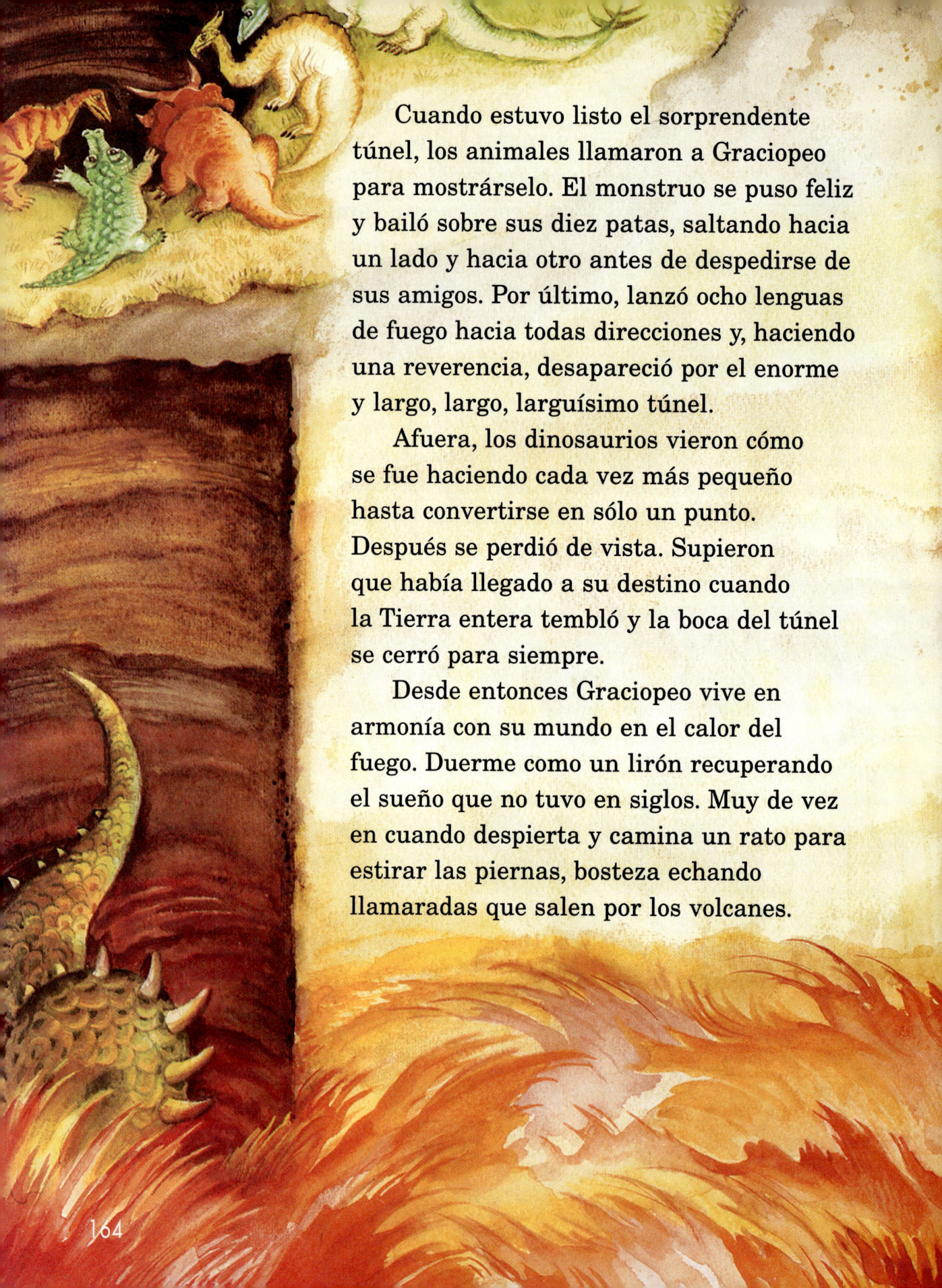

Cuando estuvo listo el sorprendente túnel, los animales llamaron a Graciopeo para mostrárselo. El monstruo se puso feliz y bailó sobre sus diez patas, saltando hacia un lado y hacia otro antes de despedirse de sus amigos. Por último, lanzó ocho lenguas de fuego hacia todas direcciones y, haciendo una reverencia, desapareció por el enorme y largo, largo, larguísimo túnel.

Afuera, los dinosaurios vieron cómo se fue haciendo cada vez más pequeño hasta convertirse en sólo un punto. Después se perdió de vista. Supieron que había llegado a su destino cuando la Tierra entera tembló y la boca del túnel se cerró para siempre.

Desde entonces Graciopeo vive en armonía con su mundo en el calor del fuego. Duerme como un lirón recuperando el sueño que no tuvo en siglos. Muy de vez en cuando despierta y camina un rato para estirar las piernas, bosteza echando llamaradas que salen por los volcanes.

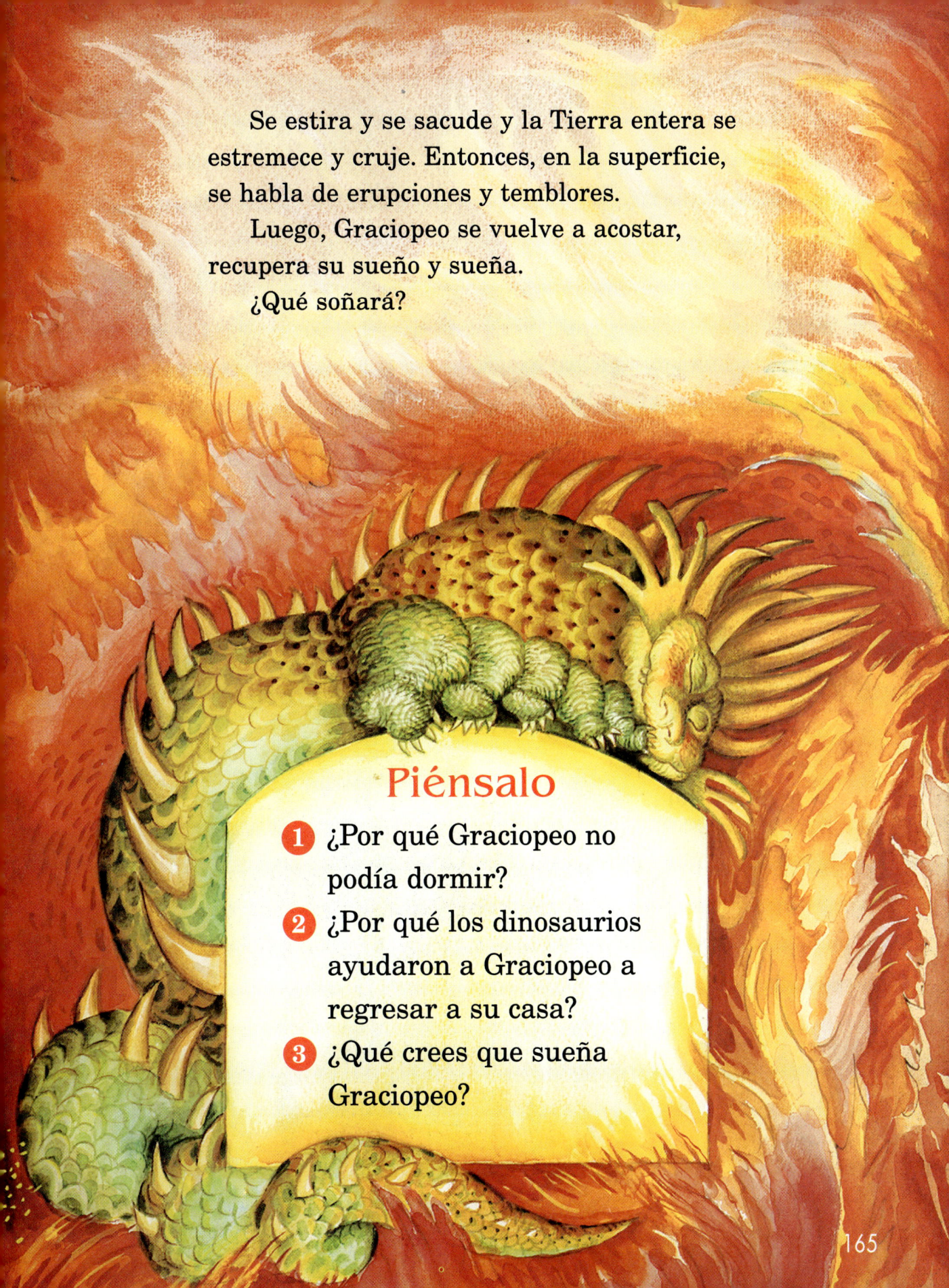

Se estira y se sacude y la Tierra entera se estremece y cruje. Entonces, en la superficie, se habla de erupciones y temblores.

Luego, Graciopeo se vuelve a acostar, recupera su sueño y sueña.

¿Qué soñará?

Piénsalo

1. ¿Por qué Graciopeo no podía dormir?
2. ¿Por qué los dinosaurios ayudaron a Graciopeo a regresar a su casa?
3. ¿Qué crees que sueña Graciopeo?

Conoce a la autora

LINDA MARCOS DAYÁN

Graciopeo es un monstruo que siempre tiene sueño pero no puede dormir. Desea regresar a su casa en el centro de la Tierra y lo logra gracias a sus amigos los dinosaurios.

Me gusta mucho la historia de Graciopeo porque además de recordar la época prehistórica, resalta la importancia de la amistad para lograr nuestros objetivos.

Este cuento obtuvo el Premio FILIJ (Feria Internacional del Libro Infantil y Juvenil) de 1993, en el que participan, año tras año, escritores de todo México.

El premio es muy importante en Hispanoamérica, por lo que me siento orgullosa; pero también estoy muy contenta porque, gracias al premio, muchos lectores podrán conocer a Graciopeo.

Conoce al ilustrador

LEONID NEPOMNIACHI

Nací en Moscú, la capital de Rusia, el 28 de abril de 1939. Me gusta ilustrar libros infantiles porque estoy convencido de que la niñez es la mejor de las edades. Los niños son las personas más bellas del mundo.

En mis dibujos intento que los personajes parezcan reales aunque sean fantásticos, y los niños así lo entienden. Cuando me hablan de mis personajes se refieren a ellos como si existieran en la realidad.

Me gusta ilustrar todo tipo de historias, pero sobre todo disfruto aquéllas en las que logro crear un mundo donde los personajes se sienten contentos.

En mi país recibí varios premios de la Editorial de Literatura Infantil, la más importante en Rusia. Y en México he recibido el Premio Antonio Robles de Literatura Infantil y el segundo lugar del Primer Catálogo de Ilustradores Infantiles del Consejo Nacional para la Cultura y las Artes (CNCA), ambos en 1991.

TALLER DE

Mundo dinosaurio

DIBUJA UN MAPA

Consulta un libro sobre dinosaurios o una enciclopedia para conocer los lugares donde vivieron los dinosaurios que aparecen en la historia. También puedes visitar un museo acompañado de un adulto. Dibuja un mapamundi y señala en él los lugares donde vivieron los dinosaurios.

Graciopeo cuenta...

REPRESENTA UNA ENTREVISTA

Supón que eres reportero y que tienes frente a ti a Graciopeo, ¿qué le preguntarías? Con uno de tus compañeros redacta cuatro preguntas, con sus respectivas respuestas, y actúa con él la entrevista. Uno de los dos hará un par de preguntas y el otro responderá como si fuera Graciopeo.

ACTIVIDADES

En casa de Graciopeo

ESCRIBE UN CUENTO

Imagina qué hubiera pasado con Graciopeo si su casa estuviera en las profundidades de alguno de los grandes océanos y no en el centro de la Tierra. Escribe un cuento que describa la vida de Graciopeo en el océano. Recuerda que nuestro amigo tiene diez patas, ¿te imaginas lo rápido que nadaría?

Familia de dinosaurios

HAZ UNA LISTA

En el cuento de Graciopeo aparecen los nombres de diferentes dinosaurios, ¿los recuerdas? En un pliego de papel y sin mirar el cuento elabora una lista con los nombres de cada uno de ellos. A ver si los recuerdas todos.

PRUEBA TU DESTREZA

Claves de contexto

En el cuento "El monstruo Graciopeo" leíste sobre braquiosaurios y triceratops. Para leer estas palabras usaste tus conocimientos de palabras, letras y sonidos. Tal vez no conoces las palabras braquiosaurios y triceratops. Probablemente buscaste claves que te ayudaron a entenderlas.

La siguiente oración tomada del cuento tiene claves que seguramente usaste:

"Un día, el jefe de los **dinosaurios** reunió al braquiosaurio, al triceratops, al anquilosaurio, al arqueópterix, al ictiosaurio, al estegosaurio y a muchos más, para buscar la forma de platicar con el monstruo."

Cuando miras las palabras y oraciones que están cerca de una palabra nueva, estás usando **claves de contexto.**

Después de pronunciar una palabra, las claves de contexto te ayudan a entender su significado.

Puedes usar claves de contexto para entender el significado de palabras científicas o relacionadas con otras asignaturas. Lee el siguiente párrafo.

¿Qué claves de contexto te sirven para comprender el significado de la palabra carapacho?

Todas las tortugas tienen una concha formada por dos partes, la parte de arriba y la de abajo. Cuando miras a la tortuga desde arriba, ves que su carapacho está cubierto de manchas en forma de remolinos o colores. Esta sección dura y correosa ayuda a la tortuga a proteger su suave cuerpo.

¿QUÉ HAS APRENDIDO?

1. En el cuento "El monstruo Graciopeo" dice: "Trabajaron días y días hasta hacer un túnel cuyo final no se veía, un enorme túnel que continuaba hacia abajo, sin salida. Un túnel *infinito*." ¿Qué claves de contexto te ayudan a entender el significado de la palabra *infinito*?

2. Imagina que estás leyendo un libro sobre la vida en el mar y te encuentras con la palabra *anfibio*. ¿Qué puedes hacer para entender el significado de la palabra *anfibio*?

INTÉNTALO • INTÉNTALO

Busca en tu libro de ciencias una palabra que desconozcas y usa tus conocimientos de claves de contexto para descubrir su significado. Escribe en tu cuaderno la palabra y lo que crees que significa. Después comprueba el significado en el glosario de tu libro o en un diccionario.

La cometa

Texto de Rosalía García Román

maravillosa
Ilustraciones de Enrique Martínez

Tito era un niño que soñaba con volar cometas. Sabía que había de muchas formas, tamaños y colores. El día que preguntó a su abuela si ella sabía hacer cometas aprendió una cosa más acerca de éstas, ya que ella había exclamado:

—¡Ah… los papalotes!

—Así que también se llaman papalotes —pensó.

Durante semanas, Tito había estado guardando pacientemente los palitos de las paletas de manzanas cubiertas de caramelo y los de los algodones de azúcar, y también largas tiras de tela. Además, había comprado papel de china de varios colores, pegamento y cordel. Todo esto para poder hacer realidad un sueño: ¡construir una gran cometa!

Ya sólo necesitaba una cosa… saber cómo se hacían.

Comenzó por pedir ayuda a su hermano mayor, quien apenas si lo escuchó y le dijo en tono cortante:

—¡No me interrumpas ahora! ¿No ves que estoy ocupado componiendo mi patineta?

Después acudió con su hermana, que era unos años más grande que él, y al pedirle ayuda, le contestó distraídamente:

—Está bien, pero tendrás que esperar a que termine de pintarme las uñas —y continuó haciéndolo mientras hablaba por teléfono.

Al cabo de un tiempo, Tito empezó a bostezar y, finalmente, cansado de esperar, se fue.

"Tal vez mamá pueda ayudarme", se dijo, y corrió hasta la cocina en donde la encontró preparando la comida, poniendo la mesa y recibiendo el correo.

"Mmh…, lo más seguro es que ni siquiera escuche lo que le diga", pensó, y se alejó sin decir palabra.

"Tal vez papá…, no, no es una buena idea porque siempre llega tarde y muy cansado."

175

Tito veía cómo se agotaban una a una sus posibilidades, cuando de pronto lo sobresaltó el grito de su madre, quien lo llamaba:

—¡Tito, ve a llevarle este pastel al tío Luis!

—Está bien —contestó y agregó—. ¿Al menos puede acompañarme Dominó?

—Bueno —contestó la mamá, mientras el pequeño fox terrier saltaba tratando de alcanzar el plato que contenía el pastel.

Tito no tuvo que caminar mucho para llegar a la casa de su tío, ya que vivía muy cerca. Tocó la puerta varias veces, hasta que escuchó unos pasos que se acercaban lentamente, y cuando se hubo abierto la puerta le dijo:

—Buenos días tío. ¿Cómo has estado? Mamá te envía este pastel. Mi tía, ¿se encuentra en casa?

El tío Luis no contestó a ninguna de sus preguntas y sólo con un gesto le indicó que entrara a la casa. Una vez adentro le preguntó:

—¿Qué llevas en el brazo? —al tiempo que señalaba la bolsa de materiales que Tito no había querido dejar en su casa.

—¿Esto? Pues es lo que necesito para construir una cometa, pero me parece que tendré que guardarlos hasta que sea más grande, porque no sé cómo se hacen y nadie ha querido ayudarme —añadió Tito con un suspiro.

El tío se llevó la mano a la barba y por unos instantes guardó profundo silencio. Al niño le pareció ver un esbozo de sonrisa y un brillo muy especial en sus ojos.

—¡Pues manos a la obra! Yo te ayudaré —dijo su tío.

Tito no podía dar crédito a lo que veía y escuchaba.

El tío Luis continuó hablando:

—De pronto me has hecho recordar mis años en la escuela primaria. ¿Sabías que varias veces fui el ganador de los concursos de papalote que en aquel tiempo se organizaban? Claro, en esos tiempos uno podía practicar ese tipo de juegos porque había infinidad de terrenos baldíos y la ciudad no estaba llena de edificios como hoy en día. Así que cuando hacía suficiente viento, salíamos todos los muchachos a volar nuestros papalotes, era tan divertido —concluyó el tío, ahora sí, luciendo una franca sonrisa.

La mamá de Tito, un poco inquieta por la tardanza de su hijo, había salido a la terraza. De pronto vio en el cielo una enorme cometa de vivísimos colores y llamó a toda la familia para que vieran lo hermoso que era. Se asomaron todos al balcón para contemplarla mejor y, una vez allí, descubrieron con azoro al tío Luis y a Tito en el parque de enfrente, rodeados de niños y personas mayores. Reían y sostenían entre los dos el cordón de la cometa maravillosa, mientras el día transcurría lento y dorado por el esplendoroso sol de verano.

Piénsalo

1. ¿Por qué crees que Tito deseaba tanto aprender a construir cometas?

2. ¿Actuaron bien los hermanos de Tito al no enseñarle a hacer la cometa? Comenta tu respuesta.

3. ¿Qué hizo que el tío Luis ayudara a Tito a construir su cometa? ¿Cómo lo supiste?

CONOCE AL ILUSTRADOR

Enrique Martínez

Desde pequeño me gustaba mucho escribir pero también dibujar. Con el tiempo me decidí a ser ilustrador de libros.

Lo que más me gusta ilustrar son los temas de animales y aquellos donde pueda jugar con mi imaginación.

Creo que lo importante de las ilustraciones es que enriquecen el libro con imágenes.

Taller de

Gran concurso

HAZ UN CARTEL

En la comunidad de Tito se realizará un concurso de cometas el próximo fin de semana. Él te ha pedido que le ayudes a anunciar el evento. Haz un anuncio en forma de cartel en el que anotarás los detalles de fecha, hora, lugar, categorías y premios que recibirán los ganadores.

Saludos de colores

DISEÑA UNA POSTAL

Ayuda a Tito a diseñar una postal para su abuelo que vive en otra ciudad. Decora la postal con dibujos de cometas de muchos colores y formas. En el reverso, escribe de qué manera aprendió Tito a hacer cometas. Organicen un concurso en tu grupo para ver quién elabora la postal más original.

actividades

Manos a la obra

CREA UNA GUÍA CÓMO HACER

Ahora que Tito ya sabe hacer cometas, le han pedido de tarea que elabore una guía Cómo Hacer. Ayúdale a realizarla. Investiga cómo se hace una cometa. Luego haz una lista de los materiales que necesitas. Al final describe paso a paso cómo hacer una cometa.

Estrellas en acción

ESCRIBE UNA CANCIÓN

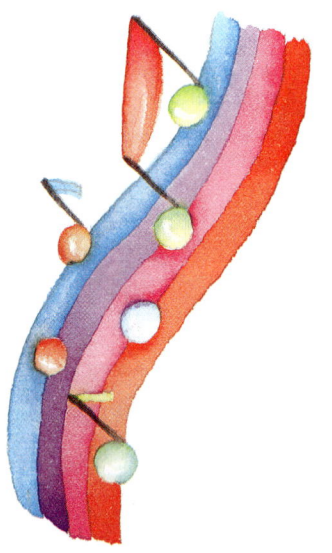

La historia de Tito sin duda te inspirará para que escribas una canción que hable de lo más importante que ocurre en ese cuento. Puedes hacerlo con ritmo de rap o alguno otro que te guste. Es importante que las canciones tengan rima; así que trata de que tus versos rimen. Seguramente a tus compañeros les gustará escucharla.

Había una vez una enorme cueva, pasando el volcán, a la izquierda, donde vivía la tribu de los Gruñones. Estaban Tío Gruñón, Tía Gruñona, Abue Gruñona, Mamá Gruñona y Papá Gruñón. El jefe de la tribu era Gruñón Cabeza de Roca. El más pequeño de todos los Gruñones era Peque Gruñón.

Un sábado en la mañana, Mamá Gruñona le dijo a Peque Gruñón:

—Peque Gruñón, mañana domingo la tribu de los Ugga-Wugga viene a almorzar. ¿Podrías salir a recoger dos docenas de huevos?

—Sí, Mamá Gruñona —le respondió Peque Gruñón, y se fue a buscarlos.

En esa temporada del año era difícil encontrar huevos. Peque Gruñón anduvo busca que te busca sin éxito. Ya se estaba cansando.

—¿Qué voy a hacer? —se dijo—. No puedo encontrar ni un solo huevo. Voy a buscar en un último lugar.

Y fue lo mejor que pudo haber hecho, porque allá, en ese último lugar, Peque Gruñón encontró el huevo más grande que jamás había visto.

Era demasiado grande para llevarlo cargando. Y estaba muy lejos para llevarlo rodando. Peque Gruñón tenía además que ser muy cuidadoso. Los huevos se rompen con mucha facilidad.

Peque Gruñón estuvo piensa que te piensa. —¡Ya sé! —dijo.

Recogió algunas de las hojas más gruesas y puntiagudas que crecían alrededor. Las entretejió para hacer un tapete. Después, rodándolo, subió el huevo con mucho cuidado encima del tapete. Jaló y jaló el huevo por todo el camino hasta la cueva.

—¡Ay, caramba! —exclamó la tribu de los Gruñones—. ¡Uca, uca, miren qué huevo tan grande! Alcanzará para nosotros y también para los Ugga-Wugga. Incluso para la tribu de los Ursus. Sería bueno invitarlos al almuerzo del domingo a ellos también.

—Ahora sí voy a cocinar esa tortilla de huevo tan especial que siempre he querido preparar —dijo Mamá Gruñona.

—¡Uca, uca! ¡Rico, rico! —se alegraron todos los Gruñones.

Después de colocar el huevo cerca del fogón, se fueron a dormir.

Esa noche, junto a la luz oscilante de la hoguera, el huevo empezó a emitir ruidos. CRIC, CRAC, hacía el huevo. CRIC, CRAC, CROC. Un gran pedazo cayó al suelo. CRIC, CRAC, CRAS, PAS. El huevo se partió en dos, y en lugar del huevo gigante descansando junto al fuego...

¡Apareció un bebé dinosaurio!

—¡Guaaag! —lloró el bebé dinosaurio. Y toda la tribu de los Gruñones se despertó.

—¡Uca, uca! —exclamaron todos—. ¿Qué vamos a hacer?

—¡Se nos esfumó nuestro almuerzo! —lamentó Tío Gruñón.

—¿Qué van a decir los Ugga-Wugga? —dijo Tía Gruñona.

—Seguro que soy alérgico a esa cosa —aseguró Papá Gruñón.

Jefe Gruñón Cabeza de Roca sentenció:

—Yo sólo sé que no se puede quedar aquí...

Pero antes de que terminara de hablar, Peque Gruñón dijo:

—¿Me puedo quedar con él? ¿Sí? ¿Síííí?

—Todos los niños necesitan una mascota —añadió Abue Gruñona.

Algunos de los Gruñones dijeron que sí y otros que no. Pero al final decidieron que Peque Gruñón sí se podía quedar con el bebé dinosaurio.

—Es contrario a lo que yo pienso —refunfuñó Jefe Gruñón Cabeza de Roca.

—Bueno, creo que puedo preparar unos panquecitos para el almuerzo del domingo —propuso Mamá Gruñona.

—Voy a llamarlo Jorge —decidió Peque Gruñón.

Peque Gruñón y Jorge se hicieron muy buenos amigos. Pero surgió un problema. La cueva permaneció del mismo tamaño, pero Jorge no. Él comenzó a crecer.

Y CRECER.
Y CRECER.

La cueva se llenó por completo.

Y surgieron entonces otros problemas.

Jorge no estaba bien domesticado.

Jorge se comía TODAS las hojas de TODOS los árboles y de TODOS los arbustos que había en TODOS los alrededores de la cueva. Pero seguía hambriento.

A Jorge le gustaba jugar... rudo. Pisaba las cosas. Y cuando estornudaba... bueno, era todo un desastre.

—¡Uca, uca! ¡Basta, ya! —gritaron en coro los Gruñones.

—O se va el dinosaurio o me voy yo —amenazó Tío Gruñón.

—Me la paso todo el día buscando su comida —se quejó Tía Gruñona.

—¡Achú! —estornudó Papá Gruñón—. Les dije que me iba a causar alergia.

—Pisó y rompió todas mis cazuelas —añadió Mamá Gruñona.

—Creo que no estuvo bien que nos quedáramos con él —dijo Abue Gruñona—. ¿Qué tal una cucarachita? Son unas mascotas lindas.

—Yo mando aquí —aseveró Jefe Gruñón Cabeza de Roca—. Y yo digo ¡que se vaya esa lagartija gigante!

—¡Uca, uca! ¡Sí! ¡Que se vaya! —corearon todos los Gruñones.

—Pero ustedes me prometieron... —les reprochó Peque Gruñón.

A la mañana siguiente, Peque Gruñón sacó a Jorge de la cueva y lo llevó a donde lo había encontrado.

—Adiós, Jorge —se despidió Peque Gruñón—. Ten por seguro que te echaré de menos.

—Guarg —contestó Jorge.

De los ojos de ambos brotaron grandes lágrimas que rodaron por sus mejillas. Con tristeza, Peque Gruñón vio a Jorge meterse lentamente al pantano.

—No lo volveré a ver nunca más —sollozó Peque Gruñón.

Pasaron días y meses y Peque Gruñón seguía extrañando a Jorge. Por las noches soñaba con él y en el día lo dibujaba.

—Peque Gruñón añora de verdad al dinosaurio —señaló Mamá Gruñona.

—Ya se le pasará —respondió Papá Gruñón.

—Además, ha vuelto a reinar aquí la paz y la tranquilidad —dijeron Tía y Tío Gruñón.

—Yo insisto en que una cucaracha es una magnífica mascota —añadió Abue Gruñona.

—Uca, uca. Apaguen las antorchas. Todos a la cama —ordenó Jefe Gruñón Cabeza de Roca.

Esa noche la cueva empezó a temblar. El piso crujía y fuertes estruendos atiborraban el aire.

—¡Un terremoto! —gritaron los Gruñones, y corrieron hacia la salida de la cueva.

—No, no es un terremoto —señaló Abue Gruñona—. ¡Miren! ¡El volcán!

Y efectivamente, el enorme volcán derramaba lava por todas partes. Vapor, rocas y humo negro salían disparados de la cima. Alrededor de la cueva caían y rodaban peñascos y rocas descomunales.

—¡Estamos atrapados! ¡Estamos atrapados! —clamaban los Gruñones. ¿Qué vamos a hacer?

—No me pregunten a mí —respondió Jefe Gruñón Cabeza de Roca —. Yo renuncio.

—Ahora ya no tenemos jefe —se lamentó Tía Gruñona.

—¡Ahora sí que estamos en problemas! —agregó Papá Gruñón.

La lava brotaba del volcán como un ancho río en llamas y corría directamente hacia la cueva.

No les quedaba mucho tiempo a los Gruñones para escapar. De pronto, oyeron un ruido diferente. ¡Guag! ¡Gonk!

—¡Es Jorge! —exclamó Peque Gruñón—. ¡Nos salvamos!

—¡Uca, uca! ¡Rápido! —se alborotaron los Gruñones mientras subían al largo cuello, al extenso lomo y a la larga cola de Jorge.

Y antes de que puedas decir Tiranosaurio Rex, Jorge los transportó a un lugar lejano y seguro.

En su calidad de nuevo jefe, Papá Gruñón les dijo: —¡Declaro que ésta es nuestra nueva cueva!

—La cocina me gusta —opinó Mamá Gruñona.

—Cuando yo era el jefe... —gemía Simplón Gruñón Cabeza de Roca.

—¿A qué hora comemos? —preguntó Tío Gruñón.

—No aguanto las ganas de empezar a decorar —decía Tía Gruñona.

—Yo siempre he dicho que un cambio de aires sirve para rejuvenecer —reforzó Abue Gruñona.

—Y Jorge puede vivir al lado —añadió Peque Gruñón.

—¿Dónde está Jorge? —preguntó Mamá Gruñona—. No lo he visto en toda la tarde.

—¡Uca, uca! Jorge, ven —le gritaron los Gruñones.

—Guaaarg —les respondió Jorge.

—¡Miren! —exclamó Peque Gruñón.

—¡No puede ser! —se admiraron los Gruñones.

Encontraron a Jorge sentado sobre un montón de huevos enormes.

—¡Creo que mejor lo llamaré Georgina! —comentó Peque Gruñón.

Y todos vivieron muy felices por siempre.

Piénsalo

1. ¿Qué hacen juntos Peque Gruñón y Jorge en este cuento?

2. ¿Por qué crees que a Peque Gruñón le cuesta trabajo separarse de Jorge?

3. ¿Cómo te darías cuenta que esta historia no ocurrió en la realidad?

Conoce al autor e ilustrador
Tomie dePaola

Tomie dePaola siempre ha tenido un talento especial para las artes. Desde pequeño, Tomie dibujaba muy bien. "Creo que veía cosas en forma diferente de mis compañeros… No sólo utilizaba la vista, también veía con el corazón. Mi madre me explicó después que eso se llama imaginación."

Tomie dePaola también tiene una gran habilidad como narrador.

Cuando Tomie era un niño, no existía la televisión. Tomie escuchaba las historias que le leía su madre. Fue así como aprendió a contar cuentos. Pero Tomie también escuchaba la radio. Cada sábado por la mañana, Tomie sintonizaba su programa favorito: "Hagamos de cuenta que…" y dejaba volar su imaginación,

En la secundaria, Tomie dePaola empezó a tomar lecciones de arte. Al terminar la universidad se dio cuenta que le encantaba crear lecturas para niños y llevó sus cuentos a varios editores. ¡Es difícil creer que tardaron seis años en publicar su primer libro!

Visita The Learning Site
www.harcourtschool.com/reading/spanish

Un hogar propio
Extraído de la revista *Contact Kids*
texto de Carol Pugliano

El Parque Zoológico Palomitas de Maíz es un lugar muy especial para los animales. John Bergmann es el administrador general del zoológico. Él y su equipo se dedican a rescatar animales heridos. Los llevan al Parque Zoológico Palomitas de Maíz donde pueden vivir y recuperarse.

En un principio el Parque Palomitas de Maíz no fue un zoológico. Hace veinte años se le conocía como el Centro de Atención a los Animales de Forked River. Este centro se encargaba de encontrarles un hogar a perros y a gatos.

Entonces apareció el mapache Rigby. Un día, Bergmann recibió la llamada de una señora que había encontrado un mapache en el patio trasero de su casa. Tenía una pata atrapada en una trampa. El animalito se había arrastrado desde el bosque hasta la casa de la señora. Bergmann y una persona de la Sociedad Humanitaria de Nueva Jersey lograron liberar a Rigby de la trampa. Pero la pata del mapache se encontraba tan dañada que tuvieron que quitarle la garra delantera.

Sin la garra Rigby no podría procurarse comida ni defenderse, así que no lo podían regresar al bosque. Bergmann decidió entonces construirle una casita en un árbol del Centro de Atención a los Animales ¡y de esta manera nació el zoológico!

De la vida salvaje

Hoy día, más de 250 animales consideran al Parque Zoológico Palomitas de Maíz como su hogar. Casi todos tienen toda una historia que contar. Entre ellos hay venados que fueron atropellados por un auto y que tienen ahora sólo tres patas. También hay puerquitos barrigones que crecieron demasiado para seguir siendo mascotas. Hay osos, leones y otros animales de circo que han sido muy maltratados.

Muchos de los huéspedes del zoológico son animales salvajes que la gente encontró y se quedó con ellos, como en el caso de Cindy Lou, una puma hembra. Creyendo que Cindy Lou podía criarse como mascota, sus propietarios le rebajaron los colmillos y le quitaron las garras. Pero muy pronto se dieron cuenta de que los animales salvajes no nacieron para ser mascotas. Quisieron deshacerse de Cindy Lou, pero la puma ya no podía regresar a la vida salvaje. El Parque Zoológico Palomitas de Maíz le dio a Cindy Lou una segunda oportunidad de tener una vida feliz.

Otros huéspedes son animales salvajes que han sido heridos. Bergmann y el personal del zoológico se encargan de cuidarlos. La mayoría se recupera lo suficiente para regresar a su medio ambiente natural. Ésta es la parte que más le gusta a Bergmann del trabajo en el zoológico. "Nada comparable a ver la cola blanca de un venado cuando corre de regreso al bosque", declaró Bergmann a la revista *Contact Kids.* "Es una sensación extraordinaria."

Piénsalo
¿Cómo ayuda a los animales el zoológico Palomitas de Maíz?

La vida con Jorge

ESCRIBE UN CUENTO

Imagina qué hubiera sucedido si la tribu de los Gruñones se queda con Jorge. Escribe un cuento corto que relate cómo hubiera sido la vida de Jorge con los Gruñones. Muestra tu historia a un compañero.

TALLER DE

A pintar rocas

CREA UNA ESCENOGRAFÍA

Peque Gruñón pintó un dinosaurio en una roca. Pinta tu propia roca. Arruga una bolsa de papel y después estírala sobre una superficie plana. Dibuja escenas que representen tu parte favorita del cuento. Escribe un enunciado que indique por qué te gusta esa parte de la historia.

¡Un volcán!

DIBUJA UN DIAGRAMA

Cuando los volcanes hacen erupción, lanzan lava, rocas y gases al exterior. Busca más información en una enciclopedia o en algún libro sobre volcanes. Investiga cómo son los volcanes por dentro. Haz un dibujo que muestre las partes de un volcán. Escribe el nombre de cada parte.

ACTIVIDADES

Haz conexiones

DA UN PUNTO DE VISTA

El autor de "Un hogar propio" dice que los animales salvajes no pueden ser mascotas. ¿Estás de acuerdo? Escribe en un párrafo tu opinión y explica por qué piensas así. Usa ejemplos de "Peque Gruñón y el huevo gigante" y de "Un hogar propio".

Conclusión del tema

¡Qué

Lo que más me gustó

DA UN PUNTO DE VISTA

Analiza la lectura que más te gustó en esta sección y busca en ella una escena o frase que te agrade. Explica por qué te gustó. Luego responde estas preguntas:

- ¿Cuál de los animales sobre los que leíste te gustó más? Explica tu respuesta.

- ¿Qué personaje del cuento te gustaría conocer? ¿Por qué?

¿Estás de acuerdo?

REDACTA UN PÁRRAFO

Lee los siguientes enunciados y piensa sobre los cuentos, artículos y poesías que has leído. Di si estás de acuerdo o no con cada enunciado. Explica por qué usando ejemplos de las lecturas de este tema.

"Las personas no se llevan bien con los animales."

"A veces, las personas deberían dejar que los animales los guiaran."

"Los animales salvajes necesitan ayuda de las personas."

¡En equipo!

¡A escena!

CREA UNA ESCENA DRAMÁTICA Por equipos, los estudiantes deben revisar las lecturas y elegir una escena que muestre colaboración entre los animales y las personas. Frente a la clase, parte del equipo narrará las acciones y el resto representará a los personajes sin moverse, como si estuvieran "congelados".

CONTENIDO

Los cuentos de Julián   214
Ann Cameron
Prueba tu destreza
Sinónimos y antónimos   232

El espectáculo de talentos   234
Susan Wojciechowski

El último caso de la Agencia de Detectives C. I.   250
Carol M. Harris

Blanca Margarita   256
Gloria de las Fuentes
Prueba tu destreza
Idea principal   270

Magnus   272
Jaime Alfonso Sandoval

¡Viva Ramona!   288
Beverly Cleary

Todos mis sombreros   312
Richard J. Margolis

TEMA
Amigos para

Los favoritos de los lectores

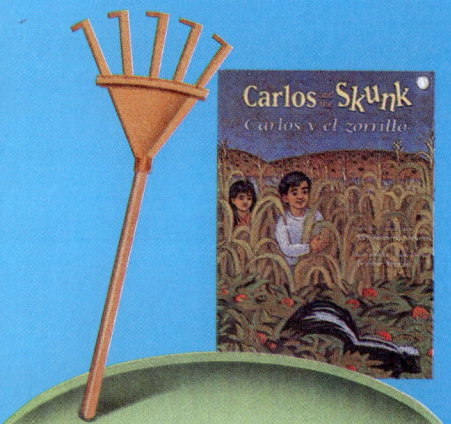

Carlos y el zorrillo
de Jan Romero Stevens
Ficción realista
Carlos está creciendo y cada vez se siente más valiente. Para demostrárselo a su amiga Gloria, atrapa un zorrillo.

El club del revés
de Berta Hiriart
Ficción realista
Ser zurda es para Zuri una ventaja extraordinaria en un mundo hecho para diestros.

¿Cómo crecen las flores?
de Susan Mayes
Libro de divulgación
Aprende cómo son las flores, cómo crecen, dónde y cuándo cultivarlas; qué es el polen y cuáles son las plantas más extrañas.

Hablemos de cambios y distancias
de Maria Martínez i Vendrell
Ficción realista
La familia de Blas se mudó al campo. Allí él aprendió a tener nuevos amigos y a no olvidar a los que tuvo en la ciudad.
COLECCIÓN DE LECTURAS FAVORITAS

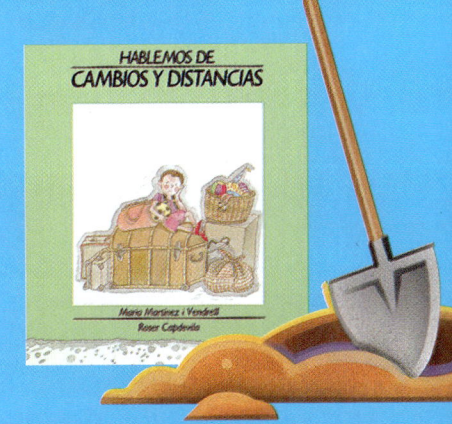

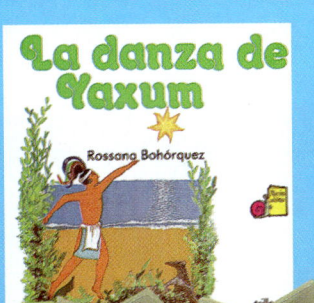

La danza de Yaxum
de Rossana Bohórquez
Fantasía
Yaxum era un joven maya que amaba al sol. Aprendió a bailar observando a la naturaleza.

¿Cómo crecen las flores?
de Susan Mayes

Libro de divulgación

Aprende cómo son las flores, cómo crecen, dónde y cuándo cultivarlas; qué es el polen y cuáles son las plantas más extrañas.

Hablemos de cambios y distancias
de Maria Martínez i Vendrell

Ficción realista

La familia de Blas se mudó al campo. Allí él aprendió a tener nuevos amigos y a no olvidar a los que tuvo en la ciudad.

COLECCIÓN DE LECTURAS FAVORITAS

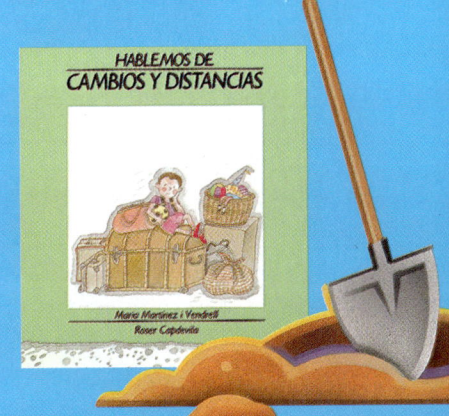

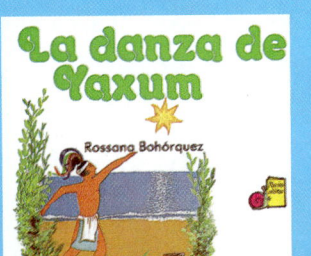

La danza de Yaxum
de Rossana Bohórquez

Fantasía

Yaxum era un joven maya que amaba al sol. Aprendió a bailar observando a la naturaleza.

Los cuentos de Julián

Texto de Ann Cameron

Ilustraciones de Cornelius Van Wright y Ying-Hwa Hu

Gloria, podría ser mi mejor amiga

Si tu amiga es una niña, todos comienzan a burlarse cuando lo saben. Por eso yo no quería que mi amiga fuera una niña; bueno, no quería hasta este verano, cuando conocí a Gloria.

Sucedió una tarde en que iba caminando solo por la calle. Mi madre había ido a visitar a una amiga y Huey también había ido a visitar a un amigo. El amigo de Huey tiene cinco años; me parece muy pequeño para jugar y no hay otros niños de mi edad. Así que iba esa tarde caminando por la calle, sintiéndome solo.

A una cuadra de nuestra casa vi un camión de mudanzas frente a una casa color café; varios hombres cargaban sillas, mesas, libreros y cajas llenas de no sé qué. Me quedé mirando un rato cuando de repente oí una voz atrás de mí.

—¿Cómo te llamas?

Volteé y allí estaba una niña de vestido amarillo. Se veía de mi edad. Tenía pelo rizado y lo traía peinado en dos trencitas que terminaban en cintas rojas.

—Me llamo Julián —le dije—. ¿Y tú?

—Me llamo Gloria —contestó—. Vengo de Newport. ¿Sabes dónde está Newport?

No estaba seguro, pero no se lo dije a Gloria.

—Es una ciudad que queda junto al mar —contesté.

—Así es —respondió Gloria—. ¿Puedes dar una vuelta de carro?

Se lanzó por uno de sus costados y dio dos vueltas de carro en el césped.

Yo nunca había intentado dar una vuelta de carro, pero traté de imitarla. Puse las manos en el suelo, levanté los pies en el aire y... me caí al suelo.

Miré a Gloria para saber si se estaba riendo de mí. Si así era, me iría a casa y no volvería.

Pero ella nada más se me quedó mirando con mucha seriedad y dijo: "Se necesita practicar", así que me cayó bien.

—Yo sé dónde hay un nido de pájaros en tu patio —le dije. —¿De veras? —preguntó Gloria—. Donde yo vivía antes, no había ni árboles ni pájaros en el patio.

Le mostré dónde vivía y tenía sus huevos un petirrojo. Gloria se subió a una rama para ver el nido. Los huevos eran pequeños y de color azul pálido. La madre petirroja nos chirrió y junto con el padre echaron a volar sobre nuestras cabezas.

—Quieren que nos vayamos —dijo Gloria. Se bajó de la rama, y nos fuimos al frente de la casa a observar cómo metían dos alfombras y un espejo los hombres de la mudanza.

—¿Te gustaría ir a mi casa? —pregunté.

—Sí —me contestó Gloria—; bueno, si me deja ir mi madre.

Entró corriendo a la casa para preguntarle.

No había problema, así que Gloria y yo nos fuimos a mi casa. Allí le mostré mi cuarto, mis juguetes y mi colección de piedras. Después preparamos refresco de fresa y nos sentamos en la cocina a tomárnoslo.

—Tienes bigotes rojos arriba de la boca —dijo Gloria.

—Tú también tienes bigotes rojos arriba de la boca —le dije yo.

Gloria se rió y con la lengua nos limpiamos los bigotes.

—Quisiera que te quedaras a vivir mucho tiempo aquí —le dije.

Gloria respondió —Yo también quisiera.

—Yo sé cómo se piden mejor los deseos —dijo Gloria.

—¿Cómo se hace? —pregunté.

—Primero haces un papalote. ¿Sabes cómo hacerlo?

—Sí —le dije—, sí sé. Sé bien cómo hacer papalotes porque mi papá me enseñó. Los hacemos con palitos entrecruzados y papel periódico doblado.

—Muy bien —dijo Gloria—, esa es la primera parte para que se cumplan los deseos. Vamos a hacer el papalote.

Salimos y nos fuimos al garaje, y ahí, con palitos y papel periódico, hicimos un papalote. Lo até a una cuerda y fui al ropero a sacar trapos para hacer la cola.

—¿Tienes papel y dos lápices? —preguntó Gloria—, porque ahora vamos a pedir nuestros deseos.

No sabía lo que ella estaba planeando, pero fui a la casa a traer los lápices y el papel.

—Muy bien —dijo Gloria—. Cada uno de los deseos que quieras que se cumpla lo escribes en una tira de papel larga y delgada. No me digas tus deseos, ni yo te diré los míos. Si los dices, tus deseos no se cumplen. Tampoco se cumplen si ves los de la otra persona.

Gloria se sentó de nuevo en el piso del garaje y comenzó a escribir sus deseos. Me dieron ganas de ver cuáles eran, pero mejor me fui al otro lado del garaje a escribir los míos. Éstos fueron los que escribí:

1. Deseo ver las revistas sobre gatos.

2. Deseo que nuestra higuera sea el árbol más alto de la ciudad.

3. Quisiera ser un famoso jugador de fútbol.

4. Deseo pasear en avión.

5. Deseo que Gloria se quede aquí y sea mi mejor amiga.

Doblé la tira de papel con mis cinco deseos y con el papel en la mano me acerqué a ella. —¿Cuántos deseos escribiste? —preguntó Gloria. —Cinco —le dije—. ¿Y tú cuántos pediste?

—Dos —respondió.

Me quedé pensando cuáles serían sus deseos.

—Ahora vamos a poner los deseos en la cola del papalote —indicó Gloria. Cada vez que atemos un trozo de trapo, ponemos un deseo en el nudo. Tú pones los tuyos primero.

Até los míos, después Gloria puso los suyos y llevamos el papalote al patio. —Sostén la cola mientras yo jalo —le dije.

Nos llevamos corriendo el papalote al patio, dejamos atrás el jardín y la higuera y llegamos hasta el campo abierto, más allá de nuestro patio.

El papalote se empezó a elevar. La cola se retorcía como una larga serpiente blanca. En un minuto el papalote sobrepasó el techo de mi casa y siguió subiendo rumbo al sol.

Permanecimos de pie en el campo abierto, mirando cómo flotaba. Yo deseaba que se cumplieran mis deseos.

—¡Creo que se van a cumplir! —dijo Gloria.

—¿Cómo lo sabes?

—Cuando bajemos el papalote —me dijo—, no debe haber ningún deseo en la cola. Cuando el viento se lleva todos los deseos, es que se van a cumplir.

El papalote permaneció en lo alto un buen rato. Ella y yo sosteníamos la cuerda.

Parecía un puntito negro en el sol y el cuello se me puso tieso de tanto mirarlo.

—¿Lo bajamos ya? —le pregunté.

—De acuerdo —contestó Gloria.

Tiramos de la cuerda poco a poco hasta que el papalote cayó a nuestros pies como un pájaro cansado.

Examinamos la cola. Todos nuestros deseos habían desaparecido. Probablemente todavía estaban volando en el viento, cada vez más alto.

Quizás sí vería las revistas sobre gatos, sería un famoso jugador de fútbol, me pasearía en avión y tendría la higuera más alta del pueblo. Y Gloria sería mi mejor amiga.

—Gloria, ¿pediste que fuéramos amigos? —le pregunté.

—¡Se supone que no debes preguntarme eso! —me dijo Gloria.

—Discúlpame —le respondí. Pero por dentro yo estaba sonriendo. Adiviné uno de los deseos que había pedido Gloria. Estaba segurísimo que seríamos amigos.

Piénsalo

1. Describe los personajes principales usando ejemplos del cuento.

2. ¿Crees que Gloria será buena amiga de Julián? Explica tu respuesta.

3. Si presentaras el cuento en un programa de televisión y tuvieras que mostrar tres lugares diferentes, ¿cuáles serían?

Conoce a la autora Ann Cameron

Pregunta: De niña, ¿quién era tu mejor amigo?

Ann Cameron: Mi mejor amigo era un niño llamado Bradley Balgord. Me gustaba jugar con los demás niños, pero todos me hacían burla porque prefería jugar con él.

Pregunta: Si tu mejor amigo era un niño y por eso te hacían burla, ¿cómo es que decidiste que Gloria fuera la mejor amiga de Julián en esta historia?

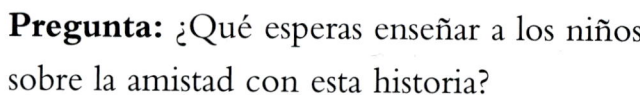

Ann Cameron: Hace algún tiempo tuve un amigo de Sudamérica. Se llamaba Julián DeWette y me contó muchas cosas sobre su infancia —el papalote en el que pegaba mensajes con sus deseos, su hermano Huey y su mejor amiga, Gloria. Me pareció maravilloso que la mejor amiga de un niño pudiera ser una niña. Por eso nunca la omito en sus aventuras.

Pregunta: ¿Qué esperas enseñar a los niños sobre la amistad con esta historia?

Ann Cameron: Considero que es MUY importante que todos tengamos buenos amigos. Espero que cuando los niños lean esta historia se identifiquen con las experiencias y los sentimientos de Julián. También espero que los niños aprendan a dar de sí mismos, porque serán felices si valoran la amistad.

Conoce a los ilustradores
Cornelius Van Wright y Ying-Hwa Hu

Pregunta: ¿Cuánto tiempo tienen trabajando juntos?

Ying-Hwa-Hu: Hemos trabajado en equipo desde 1989.

Pregunta: ¿Cuántos proyectos han realizado juntos?

Ying-Hwa-Hu: Juntos hemos ilustrado quince libros, pero también hemos creado las ilustraciones de otros libros por separado.

Pregunta: ¿Creen que algunos personajes son más difíciles de ilustrar que otros?

Cornelius Van Wright: Hasta ahora no hemos tenido problemas para ilustrar a los niños. Supongo que nos gusta ilustrar cuentos infantiles porque cada personaje es diferente.

Pregunta: ¿Cómo se reparten el trabajo cuando ilustran un libro en equipo?

Cornelius Van Wright: Primero converso con el editor sobre las imágenes que deben incluirse en cada página. Después Ying y yo creamos juntos la imagen de los personajes. Luego nos repartimos el trabajo, según nuestras habilidades. Por ejemplo, para colorear, uno empieza y el otro continúa a partir de ese punto.

Visita
The Learning Site
www.harcourtschool.com/reading/spanish

Taller de

Amigos

Escribe una carta

Julián aprendió mucho de su amistad con Gloria. Piensa en lo que él aprendió. Ahora imagina que Julián recibe una carta de una persona que no cree que los muchachos puedan ser amigos de las muchachas. Escribe una carta para que Julián responda a esa persona.

¡Bienvenido!

Haz un folleto

Julián logra que Gloria se sienta a gusto en el lugar donde vive. Elabora un folleto que ayude a alguien de tu edad a conocer tu vecindario. Incluye un mapa con las calles cercanas a tu hogar. Explica dónde hallar los mejores helados, el parque más bonito y otros datos interesantes.

ACTIVIDADES

CÓMO HACER...

ESCRIBE INSTRUCCIONES
Julián enseña a Gloria a construir un papalote. Piensa en algo que sepas hacer. Por ejemplo, explica cómo hacer un castillo de arena, poner la mesa o elaborar una tarjeta de felicitación. Da instrucciones a un compañero más chico que tú. ¿Qué crees que necesite para realizar la tarea? ¿Cuál es el primer paso? Asegúrate de que tus instrucciones sean claras.

ALTO, MÁS ALTO Y MUY LEJOS

ESCRIBE UN POEMA
A Julián y Gloria les encanta volar papalotes. Piensa en la emoción que les causa llevar sus papalotes afuera y elevarlos en el aire. ¿Cómo ellos describirían lo que ven o sienten? Escribe un poema con los detalles que crees que mencionarían sobre esta experiencia.

PRUEBA TU DESTREZA

Sinónimos y antónimos

En "Los cuentos de Julián" el autor describe un papalote que vuela como éste:

"El papalote se empezó a elevar. La cola se retorcía como una larga serpiente blanca. En un minuto, el papalote sobrepasó el techo de mi casa y siguió subiendo rumbo al sol".

Los autores escogen con mucho cuidado las palabras que utilizan para describir personas, lugares y acciones de sus historias. En ocasiones también usan sinónimos y antónimos. Los **sinónimos** son palabras que tienen el mismo significado. Los **antónimos** son palabras que significan lo contrario. Un diccionario de sinónimos y antónimos te puede ayudar a buscar sinónimos para las palabras que encuentres en los cuentos. Este diagrama muestra cómo se relacionan los sinónimos y los antónimos.

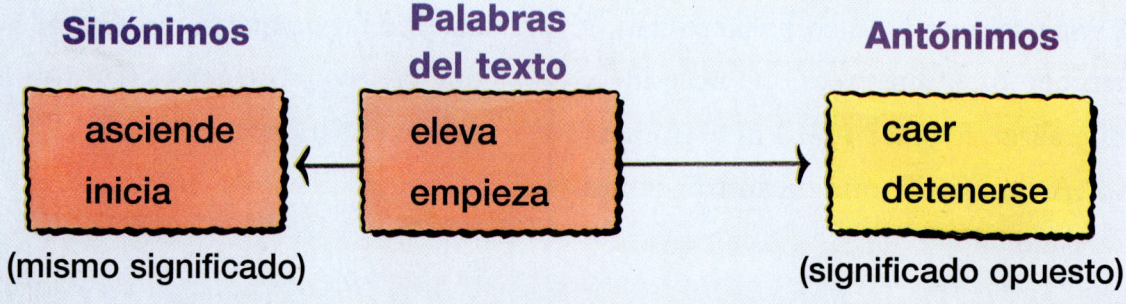

Sinónimos	Palabras del texto	Antónimos
asciende inicia	eleva empieza	caer detenerse
(mismo significado)		(significado opuesto)

Usar sinónimos y antónimos te ayuda a conocer palabras nuevas. Si no comprendes el significado de alguna palabra, vuelve a leerla y lee las palabras cercanas para utilizarlas como claves. Ahora lee el párrafo siguiente y busca los sinónimos y antónimos de las palabras subrayadas.

"Kim se mudó de una granja en el campo a un vecindario <u>urbano</u>. Hay <u>varios</u> departamentos en su edificio. Kim ya ha conocido a muchos de sus vecinos. A Kim le encantan las <u>bulliciosas</u> calles de la ciudad y el verdor del tranquilo parque que está cerca de su casa."

¿QUÉ HAS APRENDIDO?

1. ¿Qué sucedería con una oración en la que cambiaras una palabra por su antónimo?

2. Escribe un sinónimo de la palabra subrayada: Julián gritó "¡El papalote está <u>trabado</u> en un árbol!"

INTÉNTALO • INTÉNTALO

Elige un párrafo de cualquier libro de texto o de la biblioteca. Haz un diagrama y escribe en él algunas palabras que representen acciones en el texto. Escribe los sinónimos y antónimos de esas palabras.

 Visita *The Learning Site*
www.harcourtschool.com/reading/spanish

El espectáculo de talentos

**Texto de Susan Wojciechowski
Ilustraciones de Laura Ovresat**

Un día la maestra Babbitt llegó a la escuela con sus aretes de caritas sonrientes, lo cual significaba que algo muy especial iba a suceder. Kelsey le preguntó por qué se los había puesto, pero la maestra Babbitt respondió que no lo diría hasta el final de la clase.

—Niños y niñas, tengo que anunciarles algo muy especial. Dentro de dos semanas este grupo va a presentar un espectáculo de talentos. Lo haremos en el gimnasio, y todos los alumnos de primero, segundo y tercero estarán presentes. No es una competencia. No se otorgarán premios. Será sólo por diversión. Podrán presentar lo que ustedes gusten: un poema, una canción, un chiste, un baile. ¿Tienen alguna pregunta?

—¿Podemos usar disfraces? —preguntó Carol Ann.

—Pueden disfrazarse o no, como ustedes prefieran.

—¿Podemos presentar algo en grupo? —preguntó Steven.

—Pueden presentarlo solos o en grupo.

—Si recitamos, ¿lo tenemos que memorizar o lo podemos leer? —preguntó Pam.

—Creo que tendría mayor efecto si lo memorizan.

—¿Podría hacer la presentación con mi perro? —preguntó Antonio.

—Sí, pero alguien lo tiene que traer a la hora de la presentación. No puede andar por el salón distrayendo al grupo.

Wendy, que es muy tímida y habla con una voz tan bajita que casi no se le oye, preguntó:

—¿Todos tenemos que presentar algo?

—No todos tienen que presentarse en el espectáculo, pero creo que quienes decidan participar se van a divertir muchísimo.

Sonó la campana de fin de clases y todos corrimos a los autobuses comentando sobre el espectáculo de talentos.

En la noche, Carol Ann me habló por teléfono:

—Rebeca, tengo una buenísima idea para el espectáculo de talentos. Tú y yo recitaremos un poema. Ya escribí uno que tiene varios versos. Es sobre las abejas: la abeja reina y una abeja obrera. Va a ser el mejor número de todo el espectáculo. Si dieran premios, ganaríamos el primer lugar. Lo practicaremos diariamente después de la escuela. Mi mamá va a hacer los disfraces. Tú vas a ser la abeja obrera y yo la abeja reina.

—¿Y por qué tú vas a ser la abeja reina? —le pregunté.

—Porque yo tengo el pelo rizado. ¿Qué no ves?

Al día siguiente, Carol Ann me dio una copia del poema. Practicamos en su casa. Carol Ann se tendió en almohadones para decir sus líneas. Yo permanecí de pie sosteniendo una cubeta y un trapeador. Carol Ann dijo que eso era parte de los disfraces y que quedaba bien con nuestros papeles.

Yo no quería estar de pie sosteniendo una cubeta y un trapeador mientras Carol Ann se quedaba recostada entre almohadas, pero no me quejé porque Carol Ann es muy mandona y le tengo un poquito de miedo. Además, yo no había pensado en nada mejor para la presentación.

Al día siguiente practicamos en mi casa. Carol Ann se puso una corona. Yo, nada.

El sábado, Carol Ann decidió que yo debía decir mi parte en voz baja y gruñona, como un trabajador que está cansado, mientras que ella diría la suya de manera suave y tintineante como una reina.

El lunes, Carol Ann me mostró los diseños que hizo para los disfraces. Su traje tenía una falda dorada de bailarina, con holanes. El mío era una playera grande con rayas negras y amarillas y unas mallas negras.

Una semana antes de la presentación, Carol Ann dijo:
—Vamos a ver qué cosas podrían salir mal.
—Mejor no —le dije.
Sin hacer caso, Carol Ann empezó a escribir una lista:
—Me preocupa que vayas a olvidar tu parte, o que se te caiga el trapeador, o que se te corran las mallas, o que te tropieces con la cubeta, o que te dé hipo, o que estornudes.

Ahí fue donde empecé a preocuparme. Me preocupé de que al hablar salpicara saliva. Me preocupé de que mis antenas de abeja se me cayeran en la cara. Me preocupé de que en vez de decir: "alimenté a la reina y construí el panal", dijera: "alimenté el panal y construí a la reina".

Todas las noches, durante la cena, le recitaba mi parte a mi familia. Todas las noches me comía las uñas en la cama, pensando en la presentación del poema de las abejas.

Una noche, cuando repetía: "alimenté a la reina y construí el panal", mi papá me dijo:

—Tranquilízate, Rebeca. Se supone que deberías disfrutar tu presentación en el espectáculo de talentos.

—Sí, lo sé. La maestra Babbitt dijo incluso que el espectáculo era para divertirnos. Pero yo no me estoy divirtiendo nada. Estoy segura de que voy a cometer un error y Carol Ann se va a enojar conmigo.

—¿Entonces por qué te vas a presentar con ella? —me preguntó mi hermano.

—Se dio por casualidad. Además, yo no tengo nada mejor que presentar.

—¿Por qué no haces las vueltas de carro que acabas de aprender en la clase de gimnasia? —me preguntó mi madre—. Tu maestra dice que te salen muy bien.

—Eso no le gustaría a Carol Ann. Ya lo tiene todo preparado.

Esa noche, cuando estaba mordiéndome las uñas en mi cama, mi papá entró de puntitas a mi cuarto.

—¿Estás despierta? —susurró.

—No me puedo dormir —le dije—. Sigo pensando en el poema de las abejas.

—Te quiero enseñar una cosa maravillosa —dijo.

Nos cargó a mi reno Campanitas y a mí sobre su espalda. Nos llevó escaleras abajo y salimos por la puerta del frente. En el corredor de la entrada estaban tendidos dos sacos de dormir. Campanitas y yo nos sentamos sobre uno de los sacos y mi papá se recostó sobre el otro.

—Mira el cielo —me dijo—. Me parece que nunca lo había visto tan bonito. Quería compartirlo contigo.

Papá tenía razón. El cielo parecía tinta negra. Y las estrellas parecían puntos blancos en una tela.

—¿Cuántas estrellas hay allá arriba? —le pregunté.

—Miles de millones —me respondió.

—Lo que quiero saber es cuántas hay exactamente.

—Eso es un misterio.

—Voy a contarlas —decidí. Elegí un lugar para empezar y traté de llevar la cuenta de las estrellas que contaba y de las que faltaban. Al llegar a veintisiete me confundí y volví a empezar. Esta vez llegué hasta treinta y dos antes de confundirme de nuevo. Comencé una tercera vez. Papá me detuvo.

—¿Sabes qué, Rebeca?, creo que no deberías contar las estrellas. Hay cosas en la vida que son sólo para que las disfrutemos.

—¿Como en el caso de un helado doble de chocolate con chispitas de colores y crema batida encima? —le pregunté.

—Sí —me dijo—, como una pizza de pepperoni, cebolla y salchicha.

—Y como los gatitos —añadí.

—Así es. Y como la Quinta Sinfonía de Beethoven.

—¿Y como una noche llena de estrellas, papá?

—Sí, como una noche llena de estrellas.

Nos quedamos viendo el cielo por un rato. Después mi papá preguntó:

—¿Sabes qué otra cosa debe nada más disfrutarse?

—¿Qué?

—Un espectáculo de talentos.

Se acercó a mi saco de dormir y estrechó mi mano. Nos quedamos mirando las estrellas largo rato. Sin contarlas. Sólo disfrutándolas.

Al día siguiente, cuando íbamos a la escuela, respiré profundo y le dije a Carol Ann:
—No quiero decir el poema de las abejas. Quiero dar vueltas de carro en el piso del gimnasio.
—¿Por qué? —me preguntó.
—Porque las vueltas de carro son divertidas.
—¿Qué ropa te pondrías?
—Unos pantalones cortos y una playera.
—¿Qué música pondrías?
—Sin música.
—¿Cuántas vueltas de carro darías?
—Tantas como sean necesarias.
—¿Y si te caes?
—Me levanto y continúo.
—¿Y qué tal si das una vuelta de carro encima de Kevin Gates?
—No sigas, Carol Ann —le dije—. Voy a hacer las vueltas de carro digas lo que digas.
Después le regresé el papel con mi parte del poema de las abejas.

El viernes nuestro grupo presentó el mejor espectáculo de talentos del mundo entero. Boomer Fenton mostró su lunar en forma de cara de perro. Kelsey tocó con su violín "Brilla, estrellita, brilla". Antonio intentó hacer que su perro rodara en el piso, pero el perrito corrió a esconderse bajo la silla de la maestra Babbitt y no salió de allí durante el resto del espectáculo. Carol Ann y Wendy presentaron el poema de las abejas. A Carol Ann se le cayó la corona en la cara a mitad del acto.

Yo di vueltas de carro de un extremo a otro del gimnasio en mi presentación. Fue divertido.

Piénsalo

1. ¿Por qué Rebeca no quiere ir al espectáculo de talentos con Carol Ann?
2. ¿Es cariñoso el padre de Rebeca? ¿Cómo lo sabes?
3. ¿Crees que Rebeca demuestra valentía en esta historia? Explica tu respuesta.

Conoce a la autora
Susan Wojciechowski

Hace algunos años Susan Wojciechowski enfermó de gripe. Mientras estaba en cama para recuperarse, tuvo la idea de crear un personaje para un cuento. Fue así como surgió Rebeca. "Rebeca apareció de pronto y cuando sané, tenía toda la historia en mi mente", dice Susan.

Pero Susan Wojciechowski no siempre ha sido escritora. Trabajó como maestra y bibliotecaria. Susan es madre de tres niños.

Tiene varias historias para adolescentes y algunos libros de ilustraciones para niños.

El anhelo de Susan es que sus lectores identifiquen los personajes con gente real y tengan en Rebeca un reflejo de sí mismos.

Visita *The Learning Site*
www.harcourtschool.com/reading/spanish

El último caso de la Agencia de Detectives C.I.

Texto de Carol M. Harris **Ilustraciones de Linda Helton**

—¡Mira! —gritó Ben, el hermanito de Iván—, los nuevos vecinos de arriba ya están llegando. Veo que viene una niña.

A Iván le tenía sin cuidado si llegaban veinte niños al departamento 2A, donde antes vivía su amigo Carlitos. Nadie podía sustituir a Carlitos, quien había creado la Agencia de Detectives C. I. (*C* por Carlitos e *I* por Iván), y encontrado los mejores casos. Pero ahora que se había mudado, ya no habría ni agencia de detectives ni casos ni diversión. Durante dos días completos, Iván evitó toparse con la nueva chica del 2A.

—Se llama Úrsula y va a ser tu compañera de clase —le dijo su hermanito—. Dice que quiere ser tu amiga.

Iván no quería ser su amigo. Pero un día la chica llegó directamente a donde estaba sentado él y le dijo:

—Hola. Ben me dijo que tenías una agencia de detectives.

—Bueno, pues no la tengo —murmuró Iván. Se empezó a poner de pie para irse.

—Qué lástima —dijo ella frunciendo el ceño—, necesito un detective.

Iván se quedó mirándola.

—¿Para qué lo necesitas?

—¿Para qué te digo si tú ya no eres detective? Lo descubriré yo misma —dijo mientras bajaba las escaleras.

—¡Espera! ¿Descubrir qué?

Úrsula sacó un papel arrugado de la bolsa de su pantalón y se lo dio.

—¿Qué significa esto?

Iván desarrugó el papel y leyó lo que estaba ahí escrito.

—¿De dónde sacaste esto? —preguntó mirando a Úrsula.

—Estaba entre la ventana y la cortina de mi cuarto —respondió ella—. Escalofriante, ¿no? Parece en código. Creo que en el departamento vivían espías antes de que nosotros nos cambiáramos.

—Carlitos vivía allí, despistada —dijo Iván.

—Quizás era un espía.

—Él no era ningún espía, despistada; era mi socio en la Agencia de Detectives C. I.

—Pues si no descubrió esta nota, no creo que haya sido un buen detective —dijo Úrsula, quitándosela—. ¡Y deja de llamarme despistada!

—Discúlpame —se apresuró a decirle Iván—. Te voy a ayudar.

Sabía que no iba a ser lo mismo que trabajar en un caso con Carlitos, pero era mejor que nada.

—¿Quieres echarle un vistazo al lugar del crimen? —le preguntó Úrsula.

Los ojos de Iván se agrandaron; la chica conocía la jerga de detectives.

Era extraño ver a la mamá de Úrsula en lugar de la mamá de Carlitos en el departamento 2A, pero era más extraño aún trabajar en un caso en el cuarto donde él y su amigo habían resuelto juntos tantos misterios. Úrsula le señaló el lugar donde había encontrado la nota y después se sentó en el escritorio.

—Toma —le dijo a Iván pasándole papel y pluma—. Manos a la obra.

—Tenemos que encontrar la clave del código —dijo Iván inclinándose para ver la hoja de papel—. Tiene que estar en 12345678. Debemos descubrir a qué palabra corresponde.

—¿Quieres decir que los números representan letras? —preguntó Úrsula.

—Claro. Por lo menos así es como funcionan los códigos —explicó—. Cada número sustituye a una letra del alfabeto, como 1 por A, 2 por B, 3 por C. Algunas veces Carlitos y yo usábamos ese código.

> M532 B2JO 42 24FOMB32: 12345678

Pero cuando Iván y Úrsula lo aplicaron para descifrar la nota, no funcionó.

—No tiene sentido —dijo Úrsula mirando por encima del hombro de Iván.

—Ya lo sé —dijo Iván rascándose la cabeza—. Cómo quisiera que Carlitos estuviera aquí —murmuró—, lo resolveríamos de inmediato.

Úrsula miró hacia arriba y dijo de repente:

—Oye, ¿no era éste el cuarto de Carlitos?

—Sí, ¿y?

```
M532 B2JO 42 24FOMB32: 12345678
NECB BBJO DB BDFO NBCB: ABCDEFGH
```

Úrsula no contestó, pero se puso a garabatear frenéticamente.

—Ya está —gritó.

Enseguida corrió a cada uno de los rincones del cuarto y revisó los bordes de la alfombra.

Iván se quedó perplejo mirando cómo se agachaba y jalaba una parte suelta de la alfombra.

—¡Eureka!

Con gesto triunfante Úrsula alzó una segunda nota. La leyó rápidamente. Danzando por el cuarto le pasó la primera nota a Iván.

—Lee esto —le ordenó.

—¿Carlitos? —Iván frunció la frente.

—Tu amigo Carlitos dejó la nota —dijo Úrsula riendo—. Usó su propio nombre para la clave del código.

```
M532 B2JO 42 24FOMB32: 12345678
NECB BBJO DB BDFO NBCB: ABCDEFGH
MIRA BAJO LA ALFOMBRA, CARLITOS
```

—No lo creo —respondió Iván.

Ella le pasó la segunda nota.

—Léela en voz alta.

Iván leyó: *A QUIEN ENCUENTRE ESTA NOTA: Pasaste la prueba. Descifraste el código. Pregúntale a Iván si puedes entrar a la Agencia de Detectives C. I. Él necesita un nuevo socio. Carlitos (clave de código 12345678)*

—Vaya, sólo a Carlitos podría ocurrírsele algo así —dijo Iván.

—¿Y bien? —preguntó Úrsula—, ¿puedo entrar a la Agencia de Detectives C.I.?

Moviendo la cabeza, Iván dijo: —No. Úrsula frunció el ceño.

—Pero por qué no, la nota de Carlitos decía que...

Iván soltó la risa.

—Creo que necesitamos un nuevo nombre —dijo—. ¿Qué te parece la Agencia de Detectives C.I.U.?

—Ya entiendo —dijo Úrsula—; *C* por Carlitos, *I* por Iván y *U* por Úrsula.

—¡Acertaste! ¡Eres una súper detective!

—Ya lo sé —dijo Úrsula haciendo una mueca—. Nuestro primer caso será mandarle una carta a Carlitos ¡en clave!

Iván le devolvió la mueca y se pusieron ambos a escribir.

—Vamos a ver si lo descifra —dijo Iván.

Iván (clave de código 1234) y Úrsula (clave de código 567583) se dieron un apretón de manos.

Piénsalo

¿Cómo cambiaron los sentimientos de Iván al final del cuento?

Taller de

Un poema para dos

ESCRIBE UN POEMA

Carol Ann escribió un poema sobre una abeja obrera y una abeja reina. Piensa en dos animales o personas que se relacionen de alguna manera interesante. Escribe un poema sobre ellos. Con la ayuda de un compañero lee el poema ante la clase.

Hacer conexiones

ESCRIBE UN CÓDIGO

Iván y Rebeca aprendieron importantes lecciones sobre compartir el talento y los intereses de sus amigos. Recuerda una lección en la que hayas aprendido algo acerca de la amistad. Describe lo que aprendiste en una oración. Después codifícala. Usa tu nombre como clave decodificadora. Muestra el mensaje codificado a un compañero y pídele que lo resuelva.

actividades

El concurso de talentos

ESCRIBE UNA OBRA DE TEATRO

En equipos pequeños escriban una obra de teatro cómica y breve sobre el cuento "Espectáculo de talentos". Elijan el papel de cada integrante y representen la obra.

Crítica de talentos

HAZ UN INFORME

Imagínate que eres reportero del periódico de la escuela de Rebeca. Escribe un informe sobre el "Espectáculo de talentos" organizado por la clase de la maestra Babbitt. Di lo que hizo cada estudiante y lo que más te gustó de cada actuación. Explica tu opinión.

Blanca Margarita

Texto de Gloria de las Fuentes
Ilustraciones de Iván Valverde

Blanca Margarita es hija de don Ernesto y doña Rebeca, y ha sido siempre una niña muy especial. Su nombre se debe a que desde muy pequeña le gustaron las margaritas blancas. Le encantaba dormir, en brazos de su madre, en el jardín de su abuelo. Desde entonces su madre comprendió que la bebé necesitaba de las flores, de esas flores. Al poco tiempo, le pusieron por nombre Blanca Margarita.

La niña creció y su gusto por las flores también creció. Cuando cumplió siete años, acompañó por primera vez a su abuelo a regar las flores. Fue una alegría para Blanca Margarita rociarlas con el agua fresca y cristalina.

Ese mismo día decidió que tendría su propio jardín. Margaritas, azucenas y rosas, jazmines y violetas serían algunas de las flores que con tanta delicadeza y amor iba a cuidar. Gracias a ella las flores lucirían sus colores en todo su esplendor. Tendría flores blancas y amarillas, rojas y azules, lilas y moradas. Todos los olores se iban a mezclar en el jardín y sería un verdadero placer estar allí.

Un buen día Blanca Margarita encontró que en el jardín de su abuelo todas las plantas estaban amarillas. Blanca Margarita no entendió lo que pasaba. Era la primera vez que veía algo así y corrió a avisar a su abuelo: "Abuelito, tu jardín está muy enfermo", dijo muy preocupada. "¿De qué hablas, niña?", contestó su abuelo sonriendo. Entonces Blanca Margarita le mostró el jardín cubierto de colores dorados. "¡Ah!", exclamó el abuelo, "no te preocupes, es el otoño". Esa tarde el abuelo le explicó que el año se divide en cuatro partes y que a esas partes se les conoce como estaciones; que cada estación tiene características diferentes y también distintas flores.

A Blanca Margarita se le iluminó la cara al comprender que todo tiene un tiempo, así como el otoño y las demás estaciones del año. También le gustó la idea de que existan flores para cada estación, pues así su belleza y sus suaves aromas pueden dar ánimo y alegría a las personas en todo momento.

Desde entonces, Blanca Margarita se dedicó a aprender todo lo necesario sobre el cultivo de las flores. Ahora tiene su propia herramienta de jardinería y sabe cuál es la tierra que conviene, cuál es el abono, cuándo y cuánto hay que podar. Sabe tanto de jardinería que hasta su abuelito le pide a veces consejos para cultivar una nueva florecita o un tallito para plantarlo en su casa. En esos momentos, Blanca Margarita sonríe dulcemente y lo toma de la mano para llevarlo a su querido jardín.

En la primavera, ella cuida margaritas y azucenas; en el verano, su jardín conserva rosas, aunque sea la estación más húmeda del año. En el otoño, cuando los vientos soplan y desprenden las hojas de los árboles, le gusta ver su color marrón… Y al fin, en el invierno, durante las noches frías y lluviosas admira los azahares aromáticos y las nochebuenas.

Año tras año, Blanca Margarita sigue creciendo junto con su jardín. Y todavía hoy disfruta de las distintas estaciones del año, de las flores y de ser tan feliz.

1. ¿Por qué decidió Blanca Margarita tener su propio jardín?

2. ¿Cuáles son las estaciones del año?

3. ¿Qué aprendió Blanca Margarita ese otoño?

Conoce a la autora
✑ Gloria de las Fuentes

Nací en 1953 en Mexicali, Baja California, donde crecí y estudié la carrera de contaduría, la cual no me impidió dedicarme a mis aficiones favoritas: escribir y actuar.

En las obras que escribo para niños prefiero incluir pensamientos cotidianos y sencillos; en ellos tomo como modelos de los protagonistas a mis sobrinos y mascotas. Escribo literatura infantil poque creo que los niños son las personas más receptivas, siempre dispuestas a conocer y a aprender los secretos de la naturaleza humana.

Conoce al ilustrador
✏ Iván López Valverde

Nací en la ciudad de México en 1978. Además de hacer ilustraciones, hago caricaturas que se publican en periódicos y revistas. Me gusta ilustrar libros para niños ya que son el público más difícil de conquistar con dibujos, pero también me consta que son los que mejor recompensan el trabajo del ilustrador, porque cuando a un niño le gusta un cuento por sus ilustraciones, lo recuerda para siempre.

Taller de

Cuando las hojas caen
DESCRIBE UN SUCESO

Cuando Blanca Margarita conoció el otoño pensó que el jardín de su abuelo estaba enfermo. ¿Alguna vez has visto caer las hojas secas de un árbol? Describe en un párrafo cómo fue ese suceso. Luego, junto con varios compañeros de tu grupo, lean lo que escribieron.

Las flores del jardín
ESCRIBE UN INFORME

En el jardín de Blanca Margarita había violetas, rosas y azucenas. Investiga en la biblioteca de tu escuela cómo son estas flores. Escribe un informe y lee a la clase tus resultados.

actividades

De una flor a otra flor
DA UN RECONOCIMIENTO

Blanca Margarita aprendió a cuidar muy bien las flores de su jardín. Para lograrlo se dedicó a aprender todo lo necesario sobre el cultivo de las flores. Diseña un diploma de reconocimiento para ella.

Cultiva una rosa blanca
ESCRIBE UN VERSO

Imagina que estás frente al jardín de Blanca Margarita rodeado de flores distintas. ¿Cómo te sentirías? Escribe un verso en el que expreses tus sentimientos por las flores. No olvides poner tu firma y darle un título.

PRUEBA TU DESTREZA: Idea principal

"Blanca Margarita" es la historia de una niña que desde pequeña aprendió a cuidar las flores. Esa es la **idea principal** del cuento o el mensaje que la autora quiere comunicar. Para hallar la idea principal te debes preguntar: "¿de qué trata este cuento?"

La idea principal de un párrafo o de un texto puede aparecer al principio, en medio o al final. Observa el párrafo y el diagrama de abajo. La idea principal está en el centro del diagrama. Las demás oraciones dicen más sobre la idea principal.

La niña creció y su gusto por las flores también creció. Cuando cumplió siete años, acompañó por primera vez a su abuelo a regar las flores. Fue una alegría para Blanca Margarita rociarlas con el agua fresca y cristalina. Ese mismo día decidió que tendría su propio jardín.

- Ese mismo día decidió que tendría su propio jardín.
- Acompañó por primera vez a su abuelo a regar las flores.
- **La niña creció y su gusto por las flores también creció.**
- Fue una alegría para Blanca Margarita rociarlas con el agua fresca y cristalina.

Encontrar la idea principal te puede ayudar a entender lo que leíste. Lee el párrafo siguiente: ¿Cuál es la idea principal? Dilo con tus propias palabras.

A Blanca Margarita se le iluminó la cara al comprender que todo tiene un tiempo, así como el otoño y las demás estaciones del año. También le gustó la idea de que existan flores para cada estación, pues así su belleza y sus suaves aromas pueden dar ánimo y alegría a las personas en todo momento.

¿QUÉ HAS APRENDIDO?

1. ¿Qué pregunta puedes hacer para encontrar la idea principal de un cuento o de un párrafo?

2. En la página 262 Blanca Margarita corre preocupada con su abuelo. ¿Cuál es la idea principal de ese párrafo? Explícalo con tus propias palabras.

INTÉNTALO • INTÉNTALO

En compañía de alguno de tus compañeros, lee un cuento o un artículo breve de una revista. Cada uno escribirá una oración con la idea principal. Lean sus oraciones. ¿Utilizaron las mismas palabras para decir la idea principal?

Magnus

Texto de
Jaime Alonso Sandoval

Ilustraciones de
Ricardo Radosh

Guillermo tenía una tienda de mascotas, una tienda grande, con muchos animales de diferentes especies: tortugas japonesas, conejos silvestres, gatos de angora, aves... Sin embargo, casi nunca vendía nada, ni siquiera un pequeño pez, y no porque sus precios fueran altos. Cuando alguien se interesaba por un animal, Guillermo siempre ponía una extraña excusa: "Oh, todavía no he vacunado a ese gato"; "No creo que le convenga ese ganso, es tartamudo"; "Los hámsters ya pasaron de moda"; "No le recomiendo una iguana, son difíciles de alimentar." Con tantas explicaciones la gente se alejaba sin comprar nada y Guillermo se quedaba muy satisfecho, cuidando a sus animales. No podía evitarlo, se había encariñado con cada uno, no tenía valor para separarse de ellos.

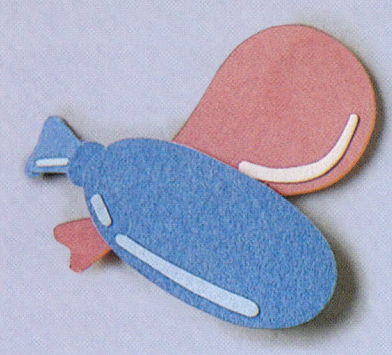

Aunque a veces ocurría lo inevitable y alguien compraba uno de sus animales. Un día Guillermo salió a conseguir alimento para los caballitos de mar, y cuando regresó descubrió una jaula vacía. La mujer de la limpieza le explicó muy orgullosa: "Vino un señor muy apurado, quería un regalo de cumpleaños para su hijo y le vendí el perro que estaba aquí." Guillermo quedó paralizado por la noticia, había vendido a uno de sus animales consentidos, a un perro bóxer llamado Magnus. "Pagó muy bien", agregó la mujer ante la tristeza de Guillermo. Pero a él no le importaban las explicaciones, Magnus no sólo era un perro, era un amigo.

Guillermo ya sabía qué hacer en esos casos. Siempre que vendía un animal se arrepentía, entonces tenía que buscar a la persona que se lo había llevado y convencerla de que le regresara la mascota. Inventaba que ésta tenía una rara enfermedad, y si eso no funcionaba, entonces le compraba el animal de nuevo, a veces por el doble del precio en que lo había vendido.

En esa ocasión iba a ser más difícil recuperar a Magnus, no tenía el nombre del comprador, y la única pista era que se trataba de un regalo para un niño que iba a cumplir años. Guillermo se dedicó a recorrer todos los salones de banquetes, preguntó en las

pastelerías y les telefoneó a los payasos que trabajaban en fiestas. Pero todo fue inútil. En la ciudad de Veracruz había muchos niños que cumplían años diariamente. Imaginó a su pobre Magnus, en medio de una gritería infantil, con niños llorando y todos queriéndolo tocar. ¿Le darían de comer a sus horas? ¿Lo tratarían bien?

Después de visitar más de setenta fiestas infantiles, Guillermo se dio por vencido. Era la primera vez que perdía a una de sus mascotas. Sin embargo aún tenía la esperanza de recuperarlo, Magnus podía escapar y regresar a la tienda,

se sabe que los perros regresan a casa olfateando el camino.

Pero eso no ocurrió. Y Guillermo, de carácter nervioso por naturaleza, no podía dormir bien. A veces, en las noches, cuando escuchaba un ladrido en la calle, se asomaba rápidamente por la ventana, sólo para toparse con un perro desconocido.

Pasó el tiempo y la tienda de mascotas de Guillermo creció hasta alcanzar los dos pisos, llegaron exquisitas especies animales de todos los rincones del mundo, reptiles, gatos, escarabajos y muchos perros. Los vecinos se extrañaban, ¿a quién se le ocurría ampliar una tienda para no vender nada? A veces, sólo para evitar rumores, Guillermo vendía a muy bajo precio una o dos palomas que al poco tiempo regresaban a la tienda.

Cierto día Guillermo fue al puerto a recoger un cargamento de pericos brasileños. Venía caminando con una jaula de aves multicolores cuando vio una figura familiar, se trataba de un perro bóxer. Podría jurar que se trataba de Magnus, iba en compañía de un niño. Guillermo corrió tras ellos y los siguió hasta que entraron a una casa.

Guillermo tocó la puerta, y en cuanto se abrió pudo ver al perro de cerca. ¡Era Magnus! Guillermo lo abrazó emocionado, y el perro también lo reconoció y le dio lenguetazos en la cara.

Todo parecía haberse solucionado por fin, Guillermo le explicó a la familia que les habían vendido al perro por error y ahora tenía que llevárselo. Todos estaban desconcertados, sobre todo Miguelín, el niño. ¡Era muy feliz con el perro! Guillermo le dio todo el dinero que traía y le pidió disculpas por la confusión. Luego le puso una correa a Magnus y se lo llevó.

Guillermo era feliz de nuevo, tenía a todas sus mascotas en la tienda, y creyó que también Magnus estaba contento de haber regresado. Pero eso no era cierto. El perro parecía inquieto, y en cuanto se le presentaba una oportunidad se escapaba. Corría por todo el muelle hasta llegar a casa de Miguelín. Todos los días Guillermo lo iba a buscar para regresarlo, y todos los días el perro se salía. A Magnus le gustaba jugar con el niño a la pelota, correr en el jardín, perseguirlo mientras pedaleaba en la bicicleta.

Guillermo tardó en comprender lo que estaba pasando, él se sentía feliz de haber recuperado a Magnus, pero no había tomado en cuenta la opinión del perro. Como no había tomado la opinión de ningún otro animal de la tienda.

Guillermo llegó a una conclusión: el goce que él sentía al tener mascotas, también lo tenían las demás personas, era necesario compartirlo. Hizo la prueba al día siguiente que una anciana fue a comprar un gato. Guillermo estaba a punto de inventar algún pretexto para alejarla, pero decidió vendérselo.

Cuando Guillermo los volvió a ver, unos días más tarde, la anciana llevaba abrazando a un enorme gato color amarillo. Los dos parecían muy contentos, se acompañaban y se cuidaban el uno al otro.

A partir de ese momento, la tienda de animales de Guillermo fue la más visitada del puerto. Él quería que todos sintieran la alegría de tener una mascota. Así que vendió todo a niños, abuelos y adultos. Incluso le consiguió a Magnus una perrita bóxer, y al poco tiempo tuvieron tres hermosos cachorritos.

Guillermo sigue queriendo a sus animales, y los ve muy seguido, pero ahora están repartidos por toda la ciudad. Además, ha ganado muchos amigos que le mandan recuerdos de las mascotas, como fotografías, pinturas y cartas.

Entre los detalles preferidos de Guillermo se encuentra una pequeña escultura de plastilina de Magnus que Miguel hizo en la escuela. Cada vez que Guillermo la observa, recuerda que el cariño de los animales es mejor cuando se comparte.

Piénsalo

1. ¿Por qué crees que Magnus buscaba con insistencia a Miguelín?

2. ¿Por qué Guillermo decidió compartir su goce con otras personas?

3. ¿Qué opinas del cariño y cuidado que mostraba Guillermo por los animales?

CONOCE AL AUTOR
JAIME ALFONSO SANDOVAL

Nací en la ciudad mexicana de San Luis Potosí el 31 de agosto de 1972. De niño disfruté mucho hacer yo mismo mis juguetes e inventarles historias. Por lo demás creo que fui como todos los niños, me divertía jugar con mis hermanos y pedalearle a la bicicleta.

El oficio de escritor me ha dejado gratas satisfacciones, como son los premios Gran Angular 1997, por mi novela *El Club de la Salamandra*, y el Concurso de Cuento Infantil de la Feria Internacional del Libro Infantil y Juvenil (FILIJ) de la ciudad de México, en 1998, por la obra *Murmullos bajo la cama*. Otra de mis novelas, *La ciudad de las esfinges*, fue finalista del Premio Barco de Vapor en 1998.

Prefiero escribir obras para niños porque son los lectores más honestos y exigentes, siempre dicen lo que les gusta y lo que no. Además, en el fondo debo seguir siendo niño porque escribir para ellos me resulta un juego muy estimulante.

CONOCE AL ILUSTRADOR

RICARDO RADOSH

Nací en la ciudad de México en 1960.

En mi infancia quise ser veterinario o dueño de un zoológico. Recuerdo que logré reunir en mi casa tres conejos, un galgo italiano, una tortuga, un hámster, además de fugaces apariciones de patitos y pollos.

Lamentablemente este zoológico en formación duró muy poco: el mal olor de los conejos motivó a mi mamá a regalarlos al repartidor de leche; el galgo, buscó mejor suerte en el pueblo de Tomasita la lavandera. La tortuga se perdió en algún lugar del jardín, y del hámster no volví a tener noticias.

Esos deseos de infancia dejaron una profunda huella en mi vida. Aunque decidí estudiar Diseño Gráfico, todavía disfruto enormemente todo lo relacionado con los animales; por eso me divertí tanto al ilustrar la vida de Magnus.

Taller de actividades

¿Quieres intercambiar?

DISEÑA TARJETAS

Diseña tarjetas intercambiables. Pega la fotografía de una mascota al frente de una tarjeta o dibújala. Al reverso escribe su nombre y sus características (qué tipo de animal es, cuál es su color, qué come, cuál es su lugar de origen). Consulta libros, revistas y enciclopedias. Intercámbialas con tus compañeros.

Conversemos

ACTÚA UNA CONVERSACIÓN

¿Recuerdas cómo reacciona Guillermo cuando le quieren comprar una de sus mascotas? Junto con un compañero actúa una conversación, uno represente el papel de Guillermo y otro el de comprador. ¿Qué preguntas se harían?

Conexiones

HAZ UNA LISTA

El autor de *Magnus* utiliza varias palabras relacionadas con las mascotas. Haz una lista de todas esas palabras e investiga su significado. Reúnete con tus compañeros de clase y junten todas las palabras. Escríbanlas en orden alfabético con sus respectivos significados. Al final podrán ver que crearon un "glosario" sobre las mascotas.

Reglas del juego

HAZ UNA INVESTIGACIÓN

Muchas cosas en el mundo se rigen por reglas, por ejemplo los deportes como el béisbol y el básquetbol. Haz una investigación sobre mascotas y redacta las reglas que creas conveniente seguir para su cuidado.

¡Viva Ramona!

Texto de Beverly Cleary

Ilustraciones de Diane Greenseid

Después de la emocionante boda del tío Hobart, la familia Quimby está a punto de presenciar otro gran suceso: el nacimiento del quinto miembro de la familia. El bebé, a quien dieron el sobrenombre de Vale, está por nacer de un momento a otro.

La señora Quimby separó su silla de la mesa y miró el reloj otra vez. Todos los ojos se volvieron hacia ella.

—¿Llamo al médico? —preguntó el señor Quimby.

—Sí, por favor —dijo la señora Quimby mientras se levantaba de la mesa, abrazaba a Vale y decía—: ¡Aaah!

Ramona y Bea, nerviosas y asustadas, se miraron una a la otra. ¡Por fin! El quinto Quimby estaba a punto de llegar. Nada iba a ser igual; nunca más. El señor Quimby les informó que el médico les estaba esperando en el hospital. Sin que hiciera falta decírselo, Bea fue corriendo a coger la maleta que su madre había preparado hacía varias semanas.

La señora Quimby dio un beso a sus hijas.

—No pongan esa cara de susto —dijo—. No hay por qué preocuparse. Sean buenas y papá volverá a casa en cuanto pueda. —Se inclinó hacia adelante y volvió a rodear a Vale con los brazos.

La casa se quedó vacía de repente. Las niñas oyeron el coche dando marcha atrás en la rampa del garaje. El ruido del motor se mezcló con el del resto del tráfico.

—Bueno —dijo Bea—, lo mejor que podemos hacer es lavar los platos.

—Supongo que sí —dijo Ramona, asegurándose de que todas la puertas, incluida la del sótano, estuvieran bien cerradas.

—Es una pena que no esté aquí *Tiquismiquis* para comerse toda la ensalada de atún que ha sobrado —dijo Bea, mientras vaciaba los platos en la basura.

Sorprendiéndose a sí misma, Ramona se echó a llorar, tapándose la cara con un paño de cocina.

—Quiero que mamá vuelva a casa —sollozó.

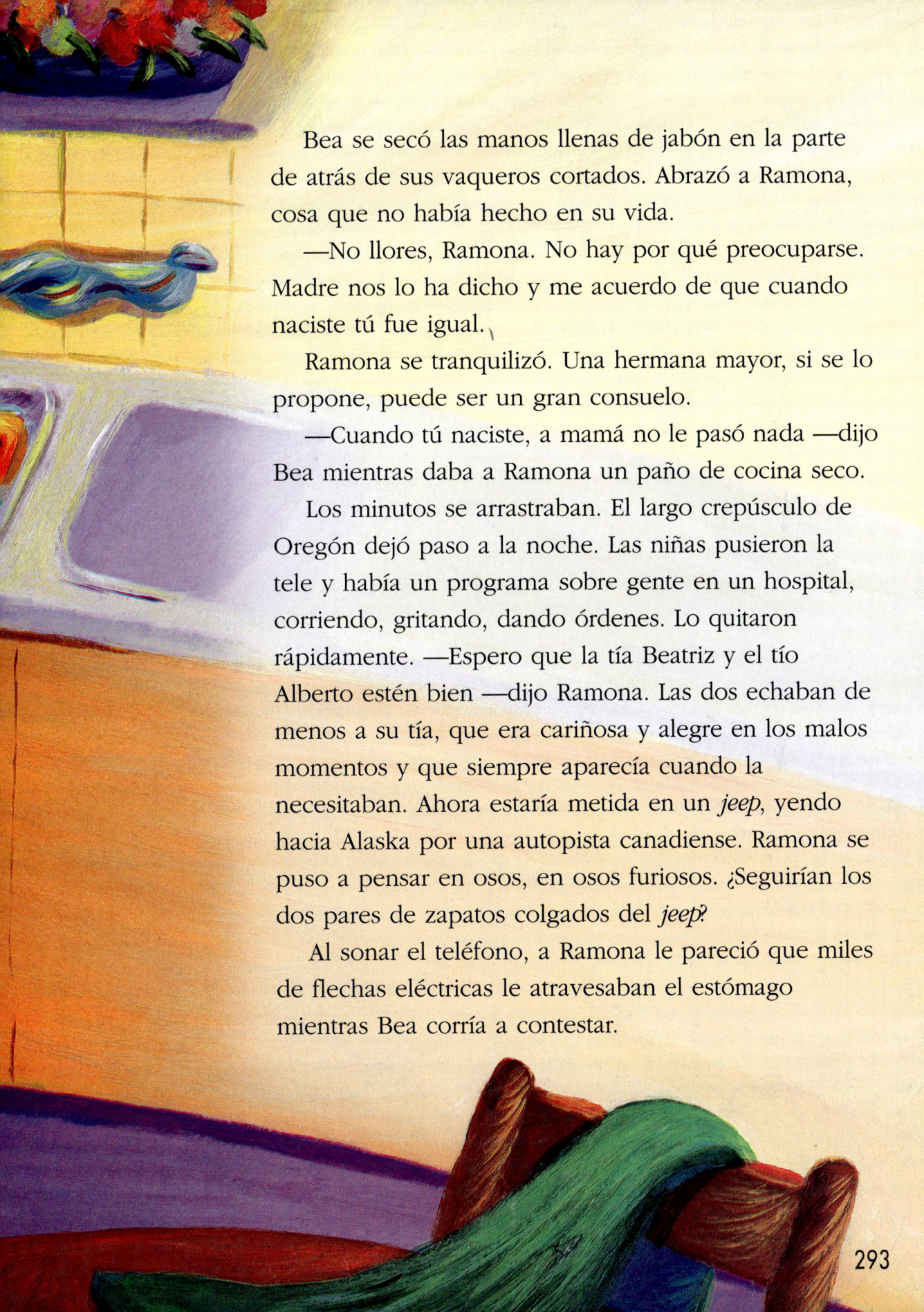

Bea se secó las manos llenas de jabón en la parte de atrás de sus vaqueros cortados. Abrazó a Ramona, cosa que no había hecho en su vida.

—No llores, Ramona. No hay por qué preocuparse. Madre nos lo ha dicho y me acuerdo de que cuando naciste tú fue igual.

Ramona se tranquilizó. Una hermana mayor, si se lo propone, puede ser un gran consuelo.

—Cuando tú naciste, a mamá no le pasó nada —dijo Bea mientras daba a Ramona un paño de cocina seco.

Los minutos se arrastraban. El largo crepúsculo de Oregón dejó paso a la noche. Las niñas pusieron la tele y había un programa sobre gente en un hospital, corriendo, gritando, dando órdenes. Lo quitaron rápidamente. —Espero que la tía Beatriz y el tío Alberto estén bien —dijo Ramona. Las dos echaban de menos a su tía, que era cariñosa y alegre en los malos momentos y que siempre aparecía cuando la necesitaban. Ahora estaría metida en un *jeep*, yendo hacia Alaska por una autopista canadiense. Ramona se puso a pensar en osos, en osos furiosos. ¿Seguirían los dos pares de zapatos colgados del *jeep*?

Al sonar el teléfono, a Ramona le pareció que miles de flechas eléctricas le atravesaban el estómago mientras Bea corría a contestar.

—Bueno —su hermana parecía desilusionada—. Muy bien, papá. No. No nos importa.

Cuando terminaron de hablar, Bea se volvió a Ramona, que estaba deseando saber qué había pasado, y dijo:

—Vale se lo está tomando con calma. Papá tiene que quedarse con mamá y quería saber si no nos importa estar solas. Le he dicho que no, y dice que somos unas chicas muy valientes.

—Ah —dijo Ramona, que estaba deseando que volviera su padre—. Es verdad que soy valiente, supongo.

Aunque hacía una noche especialmente calurosa, cerró todas las ventanas.

—Será mejor que nos vayamos a dormir —dijo Bea—. Si quieres, puedes dormir conmigo.

—Vamos a dejar alguna luz a papá —dijo Ramona. Encendió la luz del porche, las del cuarto de estar y la de la entrada, antes de meterse en la cama de su hermana.

—Es para que no tropiece —le explicó a Bea.

—Buena idea –dijo su hermana. Las dos sabían que se sentían más seguras con las luces encendidas.

—Espero que Vale se dé prisa
—dijo Ramona.

—Y yo —dijo Bea.

Se quedaron adormiladas hasta que las despertó el ruido de una llave abriendo la puerta.

—¿Papá? —dijo Bea.

—Sí, soy yo.

El señor Quimby recorrió el pasillo hasta llegar a la puerta de la habitación de Bea.

—Traigo buenas noticias. Roberta Quimby, de siete libras con siete onzas, ha llegado sana y salva. Su madre está muy bien.

Ramona, que seguía medio dormida, preguntó:

—¿Quién es Roberta?

—Su hermana pequeña —contestó su padre— y mi tocaya.

—Hermana —dijo Ramona, totalmente despierta.

La habían llamado Vale durante tanto tiempo que estaba convencida de que era un niño.

—Sí, una hermana preciosa —dijo su padre—. Y ahora, a dormir. Son las cuatro de la mañana y yo me tengo que levantar a las siete y media.

A la mañana siguiente, su padre se levantó tarde y tuvo que desayunar de pie. Mientras salía por la puerta, dijo:

—Cuando llegue de trabajar, vamos a ir a cenar al Burger y luego a ver a Roberta y a su madre.

El día fue largo y solitario. A pesar de que dieron una clase de natación y fueron a la biblioteca, se les hizo muy lento.

—¿Cómo será Roberta? —dijo Bea.

—¿Con quién va a dormir cuando no quepa en el bambineto? —era lo que le preocupaba a Ramona.

El momento más feliz del día para las niñas fue cuando su madre llamó por teléfono para informarles de que Roberta era una niña preciosa y muy sana. Estaba deseando poder llevarla a casa y se sentía muy orgullosa de sus hijas por haberse portado tan bien quedándose solas. Ramona y Bea se quedaron tan encantadas que pasaron la aspiradora y limpiaron el polvo, intentando entretenerse hasta que llegara su padre. El señor Quimby, que parecía agotado, vino a recogerlas para ir a cenar al Burger y a visitar al quinto miembro de la familia.

A Ramona le latía el corazón cuando, por fin, subía las escaleras del hospital. Los visitantes, unos con flores y otros con cara de cansancio, se dirigían a los ascensores. Las enfermeras corrían de un lado a otro. Llamaban a un médico por un altavoz. Ramona no podía más de lo nerviosa que estaba. Al subir en el ascensor fue como si el estómago se le quedara en el primer piso. Cuando el ascensor se detuvo, el señor Quimby echó a andar por el pasillo.

—Perdonen —dijo una enfermera.

Sorprendidos, se volvieron hacia ella.

—A los niños menores de doce años no se les permite entrar en la sección de maternidad —dijo la enfermera—. Vas a tener que esperar en el vestíbulo, peque.

—¿Cuál es el motivo? —preguntó el señor Quimby.

—Los niños menores de doce pueden tener enfermedades contagiosas —les explicó la enfermera—. Nuestro deber es proteger a los bebés.

—Lo siento, Ramona —dijo el señor Quimby—. No lo sabía. Me temo que vas a tener que obedecer a la enfermera.

—¿Dice que tengo *microbios?* —preguntó Ramona, humillada—. Me he duchado esta mañana y me he lavado las manos en el Burger para venir aquí.

—A veces los niños tocan cosas sin darse cuenta —le explicó el señor Quimby—. Anda, pórtate como una niña mayor y espéranos en el vestíbulo.

A Ramona se le saltaron las lágrimas de la rabia, pero poder ir sola en el ascensor le consoló bastante. Al llegar al vestíbulo volvió a ponerse triste. La enfermera decía que era una niña pequeña. Su padre decía que era una niña mayor. ¿Qué era Ramona? Una niña llena de microbios.

Se sentó cautelosamente en el borde de un sofá de plástico. Si se apoyaba en el respaldo lo iba a llenar de microbios, o se le iban a contagiar a ella los microbios del sofá. Tragó saliva. ¿Le dolía un poco la garganta? Un poco, en la parte de abajo. Se puso la mano en la frente como hacía su madre cuando pensaba que podía tener fiebre. Tenía la frente caliente, quizá demasiado.

Mientras esperaba, le empezó a picar todo el cuerpo, igual que cuando tenía varicela. Le picaba la cabeza, le picaba la espalda, le picaban las piernas. Empezó a rascarse. Una señora se sentó a su lado en el sofá, miró a Ramona, se levantó y se fue a otro sofá.

Cada vez se encontraba peor. Cuanto más le picaba, con más fuerza se rascaba. De vez en cuando tragaba saliva para ver si le dolía la garganta. Se miró por dentro de la blusa para ver si tenía sarpullido, y le sorprendió descubrir que no. Respiró con fuerza por la nariz para ver si estaba acatarrada.

Empezó a ponerse furiosa. Lo que faltaba era que se hubiera puesto malísima, justo en el hospital. Era el colmo, un hospital plagado de microbios. Ramona se torció y se rascó justo en el centro de la espalda, en ese sitio donde es tan difícil llegar. Después se rascó la cabeza con las dos manos. La gente que pasaba por delante se paraba a mirarla.

Un hombre vestido de blanco, con un estetoscopio colgado del bolsillo, se acercó corriendo desde el otro lado del vestíbulo. Vio a Ramona, se detuvo y la contempló detenidamente.

—¿Te encuentras bien? —preguntó.

—Fatal —admitió ella—. La enfermera dice que tengo microbios y que no puedo ver a mi madre y a mi hermana que acaba de nacer, pero creo que he cogido algo mientras estaba aquí esperando.

—Ah, ya —dijo el médico—. Abre la boca y di "Aaah".

Ramona dijo *"Aaah"* hasta que le dieron arcadas.

—¡Mmm! —murmuró el médico. Se había puesto tan serio que Ramona se asustó. Sacó el estetoscopio y se lo puso a Ramona en el pecho y en la espalda, escuchaba mientras le daba golpecitos con los dedos. ¿Qué estaría oyendo? ¿Tendría algo raro por dentro? ¿Por qué no venía su padre? El médico asintió con la cabeza, como si se hubieran confirmado sus peores sospechas.

—Justo lo que yo pensaba —dijo, sacando su cuaderno.

Medicinas, ¡puaj! A Ramona se le pasaron los picores. Ya no notaba nada en la nariz y la garganta.

—Estoy mucho mejor —aseguró al médico mientras miraba el cuaderno desconfiadamente.

—Es una fraternitis aguda. Ya he visto bastantes casos, pero se cura rápido.

Arrancó del cuaderno la receta que había escrito, dijo a Ramona que se la diera a su padre y se marchó rápidamente por el pasillo.

Ramona no lograba acordarse del nombre de la enfermedad. Intentó descifrar la letra del médico, pero no pudo. La letra de persona mayor que mejor entendía era la que hacía su profesora en la pizarra.

Le habían vuelto a empezar los picores y seguía mirando fijamente la hoja de papel cuando el señor Quimby y Bea salieron del ascensor. —Qué pequeña es Roberta —dijo Bea radiante de alegría—. Y es una monada. Tiene una naricita redonda y... bueno, en cuanto la veas, te va a encantar.

—Estoy enferma —dijo Ramona intentando darles pena—. Tengo algo horrible. Me lo ha dicho un médico.

Bea no hizo caso. —Y Roberta tiene el pelo marrón...

El señor Quimby la interrumpió:

—¿De qué estás hablando, Ramona?

—Un médico me ha dicho que tengo algo, una de esas enfermedades que acaban en "itis" y que tengo que tomar esto inmediatamente —dijo Ramona, dando a su padre la receta y rascándose un hombro—. Si no me lo tomo, puedo ponerme peor.

El señor Quimby sí que entendía aquella letra tan complicada. Leyó la hoja y después hizo una cosa muy extraña. Tomó a Ramona en brazos y le dio un abrazo enorme y un beso, ahí mismo, en la mitad del vestíbulo. Los picores desaparecieron. Ramona empezó a encontrarse mucho mejor. —Tienes fraternitis aguda —le explicó su padre—. *"Itis"* significa inflamación.

Ramona ya sabía lo que significaba "fraternitis", porque se había acordado que sus padres le habían dicho a Bea que fuera un poco más fraternal con ella.

—El médico se ha dado cuenta de que estabas preocupada y enfadada porque no te habían dejado ver a tu hermana recién nacida, y lo que pone en la receta es que hay que prestarte atención —le explicó el señor Quimby—. Y ahora vamos a comprarnos unos helados antes de que me quede dormido aquí de pie.

Bea dijo que Roberta era tan mona que no podía dar fraternitis a nadie. A Ramona le daba un poco de vergüenza lo que le había pasado, pero se encontraba mucho mejor.

Las tres noches siguientes, Ramona se llevó un libro al hospital, aunque no leyó nada. Se dedicó a pensar en la injusticia de tener que esperar para ver a la misteriosa Roberta.

El cuarto día, el señor Quimby tomó una hora libre en el trabajo, recogió a Bea y a Ramona, que se acababan de poner ropa limpia, y se fueron los tres al hospital para traer a casa a la señora Quimby y a su hija.

Ramona se acercó más a Bea al ver a su madre salir del ascensor en una silla de ruedas empujada por una enfermera y con un bulto rosa entre los brazos. El señor Quimby iba detrás con la maleta de su mujer.

—¿Madre no puede andar? —susurró Ramona.

—Claro que puede andar —contestó Bea—. Los del hospital quieren estar seguros de que la gente sale de aquí sin caerse, para que no les puedan llevar a juicio y sacarles un millón de dólares.

La señora Quimby saludó a las niñas con la mano. A Roberta no se le veía la cara, porque se la tapaba un pico de la toquilla rosa; pero la enfermera no tenía tiempo para pararse y dejar a una niña ver a su nueva hermana. Empujó la silla de ruedas por la puerta automática hasta el coche.

—¿Puedo verla *ahora*? —Claro que sí, cielo. Mientras la señora Quimby apartaba la toquilla, dijo las palabras más bonitas que Ramona había oído en su vida:

—Ramona, no sabes cuánto te he echado de menos.

Ramona, apoyándose en el respaldo del asiento para ver por primera vez a su hermana pequeña, intentó

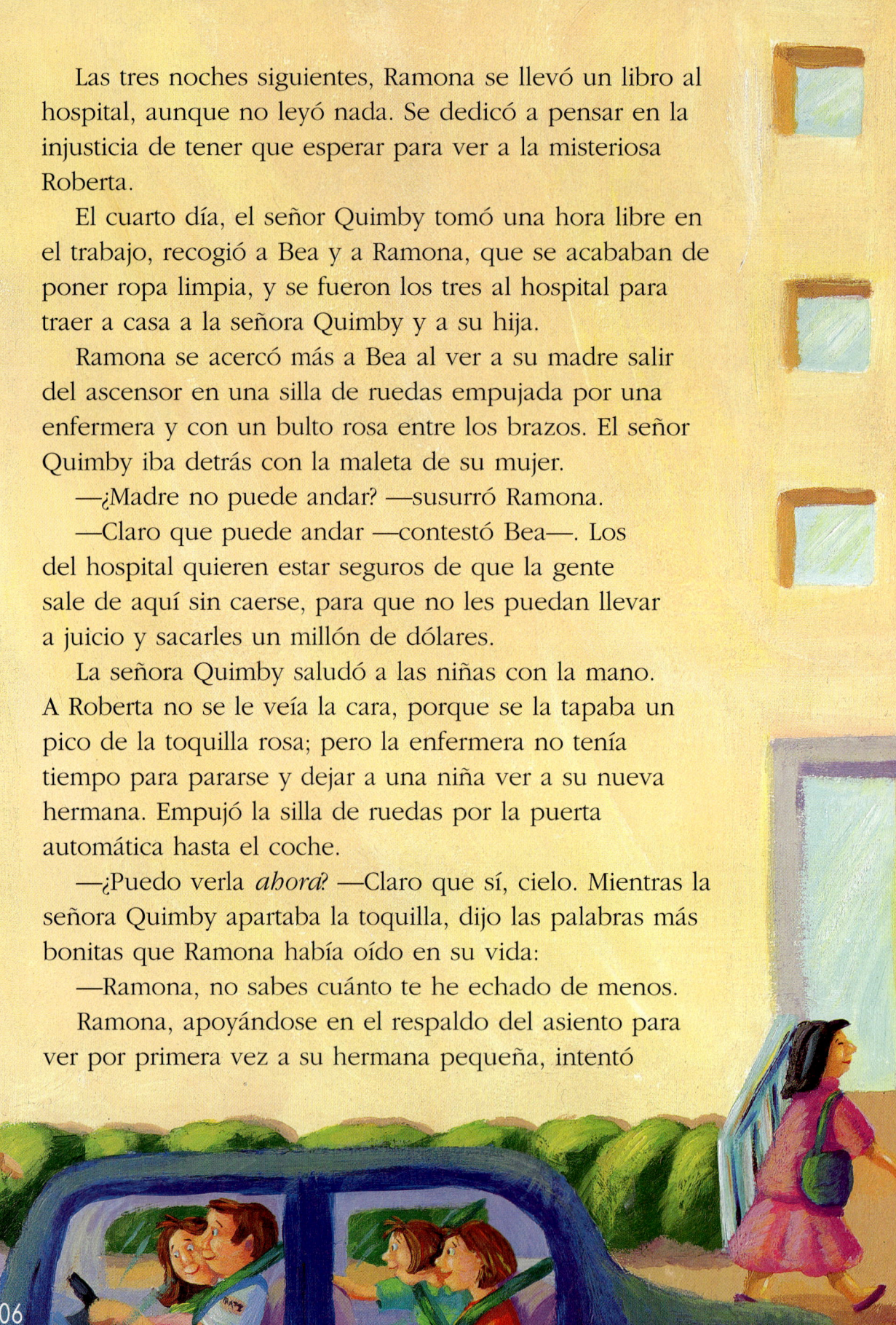

contener su respiración para no llenar de microbios a Roberta, que no se parecía nada al dibujo que salía en la portada de *Un nombre para tu hijo*. Tenía la cara rosa, casi roja, y el pelo oscuro y revuelto, nada parecido al pelo pálido y suave del niño de la portada del folleto. Ramona no sabía qué decir. No le daba la sensación de que las palabras "encanto" o "monada" fueran del todo correctas.

—Es exactamente igual que tú cuando naciste –le dijo su madre.

—¿Sí? —a Ramona le costaba creerlo. No lograba imaginarse que alguna vez se hubiera parecido a aquella criatura roja y enfurruñada.

—Bueno, ¿qué te parece tu nueva hermana? —preguntó el señor Quimby.

—Es tan... *tan pequeña* —contestó Ramona sinceramente.

Roberta abrió sus ojos grisazulados.

—¡Madre! —exclamó Ramona—. Es bizca.

La señora Quimby soltó una carcajada.—Todos los recién nacidos parecen bizcos a veces —dijo.

Efectivamente, Roberta enderezó la mirada durante un momento y volvió a ponerse bizca. Movía la boca como si no supiera qué hacer con ella. Hacía ruidos con la nariz y levantó un brazo como si no supiera para qué servía.

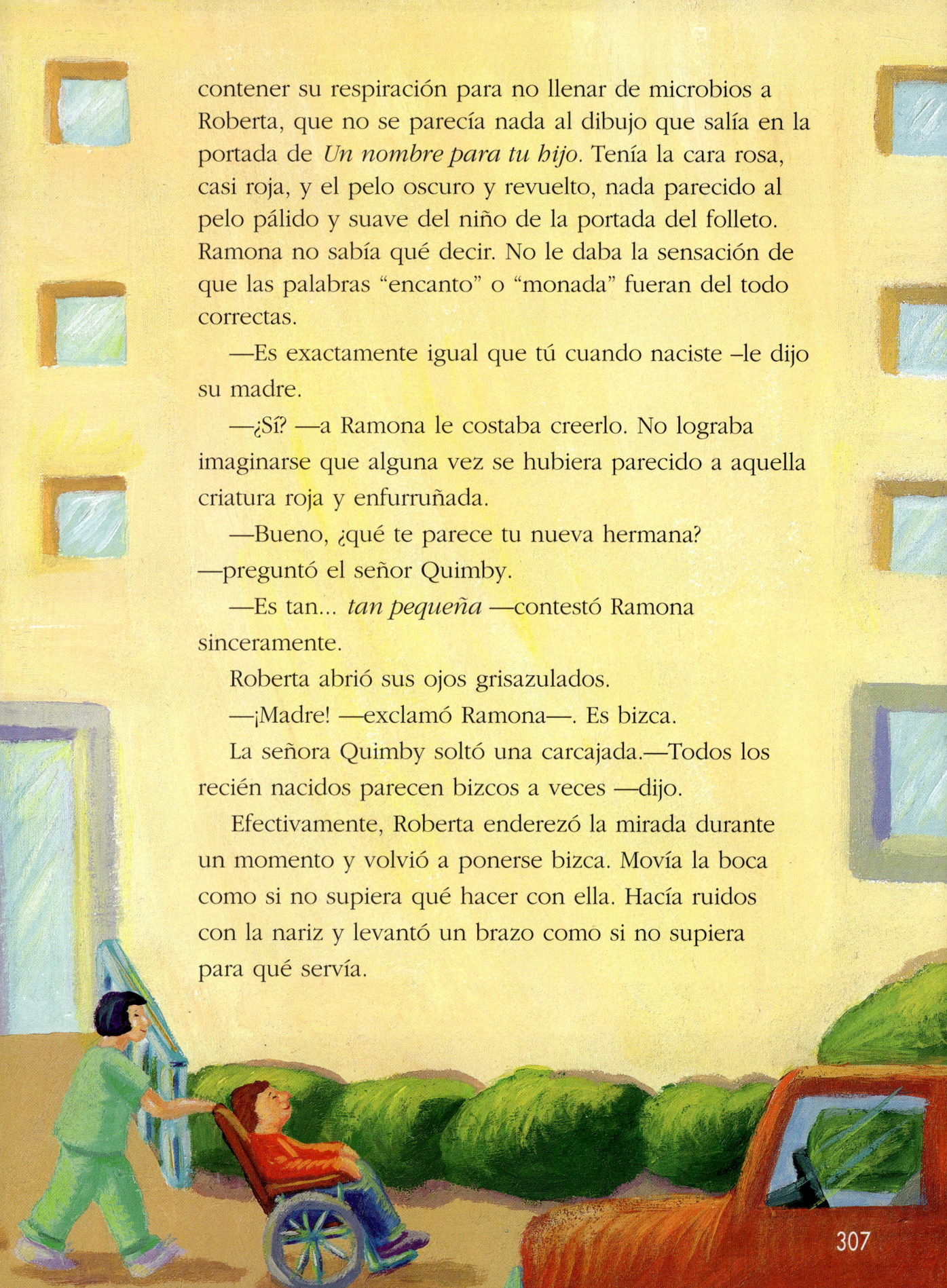

—¿Por qué le has puesto un camisón con bolsillos en las puntas de las mangas? —preguntó Ramona—. Le tapan las manos.

—Es para que no se rasguñe —le explicó la señora Quimby—. Es demasiado pequeña para saber que puede hacerse daño con las uñas.

Ramona se echó hacia atrás y se abrochó el cinturón. De pequeña había sido como Roberta. ¡Increíble! Había sido igual de pequeña, pero había crecido, y tenía el pelo ordenado cuando se acordaba de peinarse, y había aprendido a usar los ojos y las manos.

—¿Saben una cosa? —dijo sin esperar una respuesta—. Creo que ser tan pequeña debe ser difícil.

Ramona hablaba como si hubiera descubierto algo desconocido por el resto del mundo. Inesperadamente, al decirlo empezó a sentir amor y simpatía por la persona diminuta que su madre tenía entre los brazos.

—No se me había ocurrido pensarlo —dijo la señora Quimby—, pero creo que tienes razón.

—Crecer es difícil —dijo el señor Quimby mientras se alejaban del hospital—. Y a veces, ser mayor también es difícil.

—Ya —dijo Ramona pensativa. Empezó a acordarse de cuando se le movían los dientes, de los dolores de garganta de verdad, las discusiones con sus profesores, las ganas de tener una bicicleta que sus padres no podían pagar, lo que le preocupaba que sus padres discutieran, la rabia que le daba que Bea se enfadara por su culpa, y las tardes interminables en casa de los Kemp hasta que su madre volvía de trabajar. Y a pesar de todo, había logrado sobrevivir.

—Tiene gracia, ¿verdad? —comentó mientras su padre metía el coche en la rampa del garaje.

—¿Qué tiene gracia? —preguntó su madre.

—Que yo fuera pequeña y rara y bizca como Roberta —dijo Ramona—. Y ahora aquí estoy. ¡Soy maravillosa!

—Si tú lo dices —opinó Bea.

A Ramona no le importó que toda su familia, menos Roberta, que era demasiado pequeña, se riera.

—Soy maravillosa —dijo contenta.

Estaba contenta de haber crecido tanto.

Piénsalo

1. ¿Por qué Ramona piensa que "ser tan pequeña debe ser difícil"?

2. Si hubieras visto a Ramona al día siguiente de la llegada de su madre, ¿qué le habrías preguntado? ¿Qué crees que respondería?

3. ¿Cuál es el problema de Ramona? ¿Cómo la ayudan sus padres?

Conoce a la autora
Beverly Cleary

¿Cómo escribe sus historias Beverly Cleary? Lee esta entrevista para saberlo.

Pregunta: ¿Cómo escribe sus historias?
Beverly Cleary: Oh, primero escribo todo a mano, con lápiz y papel. Después lo escribo a máquina y veo si me agrada.

Pregunta: ¿Cuál es la parte más difícil de su trabajo como escritora y cuál es la más sencilla?
Beverly Cleary: La parte más difícil es hacer que la historia sea interesante hasta el final. La parte más fácil es revisar el material. Creo que todos los escritores hacemos esto. Así quitamos las partes que no nos agradan. A veces una página se reduce a un solo párrafo.

Pregunta: Cuando empieza a escribir un libro, ¿ya sabe cómo va a terminar?
Beverly Cleary: Casi siempre empiezo por la mitad. Invento los personajes y las acciones. Luego dejo que la historia se desarrolle poco a poco.

Visita *The Learning Site*
www.harcourtschool.com/reading/spanish

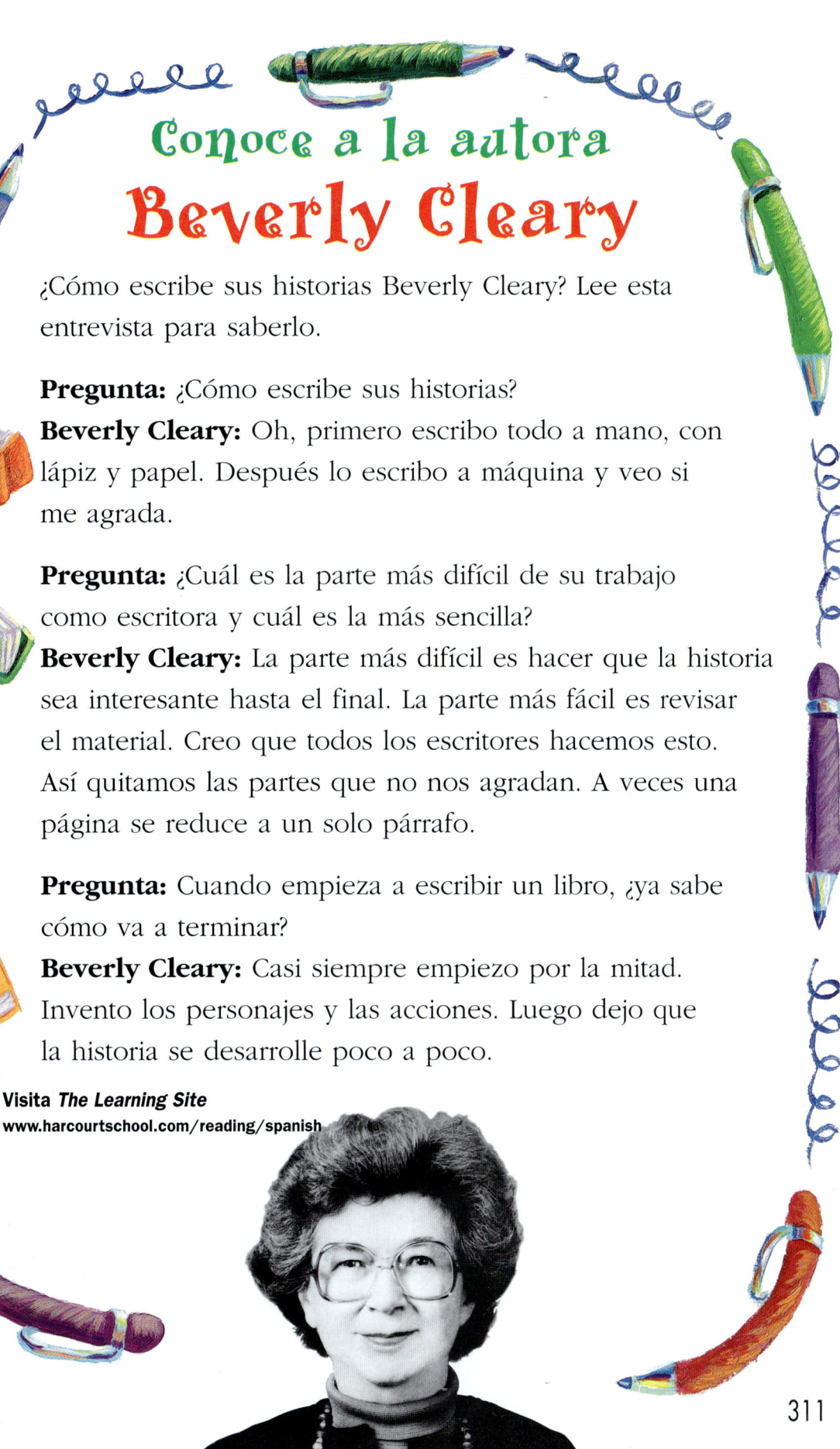

TODOS MIS SOMBREROS

Texto de Richard J. Margolis
Ilustraciones de Robert Castilla

Todos mis sombreros
los usó él.
¡Qué tacaño es!

Este pantalón
ya lo usó él.
¡Qué viejo es!

Todos mis libros
los tuvo él.
¡Qué gran saber!

Todos mis pleitos
los peleó él.
¡Qué bueno fue!

Todos mis pasos
los dio él.
¡Qué sencillo es!

Y mis maestros
me llaman como a él.
¡Qué puedo hacer!

Taller de actividades

Un caso de fraternitisaguda

USA LA MÍMICA

Con algunos de tus compañeros, representa la escena en que la enfermera pide a Ramona que espere en el vestíbulo y el doctor le dice que sufre un caso de fraternitis aguda. Antes de empezar, recuerda cómo se siente Ramona cuando cree que padece una enfermedad. Después representa la escena sólo con mímica, no uses palabras.

Hermano mayor, hermana mayor

REDACTA UN PÁRRAFO

Ramona ya no es la niña pequeña de la familia. ¿Crees que le gustaría ser la hermana mayor? Redacta un párrafo que describa las ventajas y desventajas de ser el hermano o hermana mayor.

¡Qué torpeza!

Haz una lista

¡Ramona es maravillosamente torpe! Crecer cuesta mucho trabajo, pero Ramona lo hace muy bien. Haz una lista de algunas cosas que hayas aprendido en la escuela. Explica a un compañero cómo has crecido.

Hacer conexiones

Escribe cartas

Es posible que el hermano menor en "Todas mis cachuchas" haya contraído fraternitis. Pero quizá Ramona pueda ayudarlo, ya que ella sufrió la misma enfermedad. A nombre del muchacho, escribe una carta dirigida a Ramona para contarle el problema. Después escribe la respuesta de Ramona.

Conclusión del tema

Álbum de imágenes
DIBUJA UN PERSONAJE

Con frecuencia, el personaje principal de una historia cambia debido a la influencia de los demás personajes. Por ejemplo, Julián pensaba que una niña no podría ser su mejor amiga. Escoge tres lecturas de este tema. Por cada historia, dibuja a un amigo o a un miembro de la familia que influye en el personaje principal y lo hace cambiar. Explica por qué seleccionaste a ese personaje para ilustrarlo.

Conociendo amigos

ESCRIBE UNA CARTA

Elige dos personajes de alguna de las lecturas de este tema. Escribe una carta para presentar a uno con el otro. Explica por qué podrían ser buenos amigos si tuvieran la oportunidad de conocerse.

Radio escucha

HAZ UNA ENTREVISTA

Forma un equipo pequeño con algunos de tus compañeros y actúen una entrevista radiofónica. Un estudiante será el entrevistador y los demás representarán a algunos personajes de los cuentos de este tema. Elaboren juntos las preguntas, ensayen la entrevista y preséntenla ante la clase.

Uso del glosario

Igual que los diccionarios, este glosario lista las palabras en orden alfabético. Para encontrar una palabra, sólo busca las primeras letras de la misma.

Para ahorrar tiempo, consulta las **palabras guía** al principio de cada página. Las palabras guía te dicen cuáles son la primera y última palabras de esa página. También indican si la palabra que buscas se encuentra entre ellas, siguiendo el orden alfabético.

Observa este ejemplo:

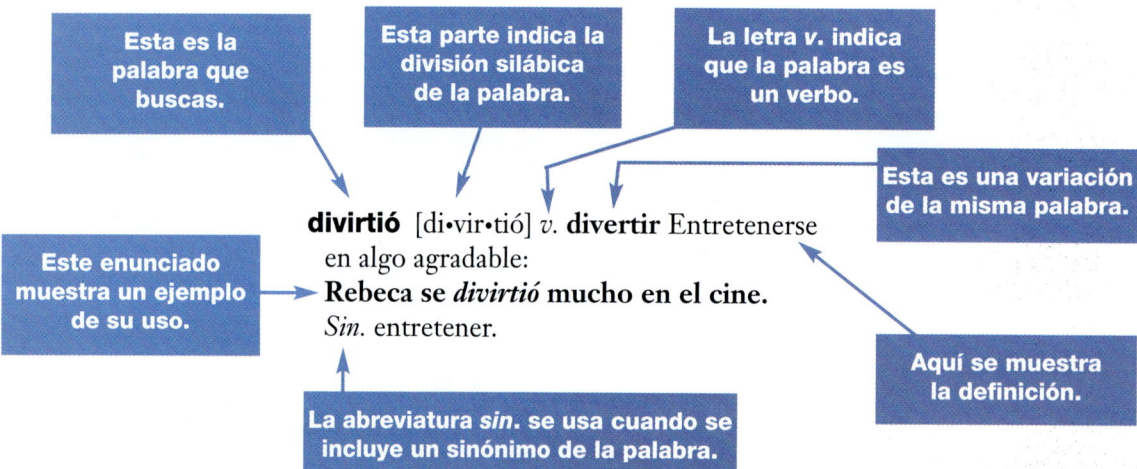

Origen de las palabras

En este glosario encontrarás notas sobre el origen de algunas palabras o los cambios que han tenido con el paso del tiempo. Estos datos pueden ayudarte a recordar el significado de muchas palabras.

Observa este ejemplo:

> **familiar** Término que proviene del vocablo latino *familiaris*. En un principio significaba "de la *familia*", pero su significado se amplió y ahora también significa "conocido" o "usual".

abono [a•bo•no] *s.* Sustancia que se echa en la tierra para que dé más fruto: **Se le puso *abono* a la tierra y crecieron flores más bonitas.**

acudió [a•cu•dió] *v.* **acudir** Ir a un lugar citado: ***Acudió* a contestar el teléfono.**

alcantarilla [al•can•ta•ri•lla] *s.* Depósito que recoge el agua que cae en las calles: **La moneda rodó hasta la *alcantarilla* y se hundió en el agua.**

antipático [an•ti•pá•ti•co] *adj.* Persona que es desagradable a los demás: **Es tan *antipático* que nadie quiere acompañarlo.** *Ant.* simpático.

arbustos [ar•bus•tos] *s. arbusto* Planta de menor tamaño que un árbol: **El gato pudo esconderse entre los *arbustos* del parque.**

armónica [ar•mó•ni•ca] *s.* Instrumento musical que produce sonidos al soplar o succionar aire a través de sus pequeños canales: **Mi abuelo tocaba la *armónica*.**

armónica

atraen [a•tra•en] *v.* **atraer** Influir sobre un objeto o una persona para que se acerque: **Los imanes *atraen* el metal.** *Ant.* repeler.

banco [ban•co] *s.* Banco de peces de la misma especie: **Los pescadores capturaron un *banco* de sardinas.**

barandal [ba•ran•dal] *s.* Parte de una escalera que sirve para sujetarse y evita que nos caigamos: **Tropecé pero por fortuna alcancé a sujetarme del *barandal*.**

barrieron [ba•rrie•ron] *v.* **barrer** Limpiar el polvo o la basura con la escoba: **Los niños *barrieron* su habitación.**

bueno [bue•no] *adj.* **benéfico** Que resulta adecuado para algo: **Antonio es *bueno* para hablar en público.**

carácter [ca•rác•ter] *s.* Modo de ser de una persona: **El *carácter* del niño cambió cuando tuvo un amigo.**

casualidad [ca•sua•li•dad] *s.* Azar, algo que ocurre sin decisión de nadie: **Encontró a mis parientes en Francia por pura *casualidad*.**

cautela [cau•te•la] *s.* Cuidado, precaución: **Contestaré el examen con *cautela*.**

cavernas [ca•ver•nas] *s.* **caverna** Hueco natural, amplio y profundo formado en algunas montañas: **Ellos se perdieron dos horas en las *cavernas*.**

centelleaba [cen·te·lle·a·ba] *v.* **centellear** Lanzar reflejos brillantes: **La ventana *centelleaba* de tan limpia.** *Sin.* brillar.

clemente [cle·men·te] *adj.* Persona compasiva o de buen corazón: **El rey fue *clemente* con nuestro héroe.** *Sin.* tolerante.

confusiones [con·fu·sio·nes] *adj.* **confusión** Enredos, falta de claridad: **Mis *confusiones* me llevaron al lugar equivocado.**

consejo [con·se·jo] *s.* Reunión de un grupo de personas para hablar de un asunto común: **El *consejo* escolar aprobó el reglamento.**

cosecha [co·se·cha] *s.* Temporada en que se recogen los frutos del campo: **La *cosecha* de maíz fue abundante.**

cueva [cue·va] *s.* Lugar profundo más o menos extenso: **Los estudiantes visitaron la *cueva* de la montaña.**

curiosa [cu·rio·sa] *adj.* Deseo de saber algo: **Era una niña tan *curiosa* que a todos les hacía preguntas.**

desprenden [des·pren·den] *v.* **desprender**. Separar algo que estaba pegado: **En el otoño las hojas de los árboles se *desprenden*.**

disfrutar [dis·fru·tar] *v.* Sentirse bien con algo o con alguien: **Me gusta *disfrutar* la comida de mi abuela.** *Sin.* gozar.

divirtió [di·vir·tió] *v.* **divertir** Entretenerse en algo agradable: **Rebeca se *divirtió* mucho en el cine.** *Sin.* entretener.

domesticado [do·mes·ti·ca·do] *v.* **domesticar** Educar a un animal salvaje para que pueda vivir con los humanos: **En casa de mi tío tienen un mapache *domesticado*.** *Sin.* adiestrar.

esbozo [es·bo·zo] *v.* **esbozar** Boceto, que apenas se dibuja: **Hizo un *esbozo* de sonrisa pero no sonrió.**

esparcía [es·par·cía] *v.* **esparcir** Extender, distribuir en desorden: **El viento *esparcía* las hojas de los árboles.** *Sin.* desparramar.

esparcía

especial [es•pe•cial] *adj.* Algo único y maravilloso: **Este regalo es *especial* para mí.**

especie [es•pe•cie] *s.* Grupo de seres vivos con características comunes: **Los rinocerontes son una *especie* muy antigua.**

esponjas [es•pon•jas] *s.* **esponja** Esqueleto de algunos animales acuáticos: **En el verano sacaremos *esponjas* del mar.**

estetoscopio [es•te•tos•co•pio] *s.* Instrumento que usan los médicos para escuchar el interior de nuestro cuerpo: **El médico escuchó el corazón de Ramona con el *estetoscopio*.**

fraternal [fra•ter•nal] *adj.* Cariño de hermanos: **Le dí a mi hermana un abrazo *fraternal*.**

gesto [ges•to] *s.* Expresión: **Fruncir las cejas es un *gesto* de preocupación.**

goce [go•ce] *v.* **gozar** Disfrutar una cosa: **Le regalo un balón para que *goce* del fútbol.**

goce

guía [guí•a] *s.* Persona que dirige a alguien: **Mi maestro fue nuestro *guía* en la última excursión.**

húmeda [hú•me•da] *adj.* Que no está totalmente seco: **El verano es la estación más *húmeda* del año.**

imitarla [i•mi•tar•la] *v.* **imitar** Copiar un acto o movimiento: **Gloria daba vueltas de carro y Julián decidió *imitarla*.** *Sin.* simular.

imitarla

insolencia [in·so·len·cia] *adj.* **insolente** Persona que trata a los demás sin respeto: **Burlarse de los demás es una *insolencia*.**

integrarse [in·te·grar·se] *v.* **integrar** Formar parte dentro de un mismo grupo: **Cuando logró *integrarse* al equipo de beisbol se sintió feliz.**

integrarse

intrigados [in·tri·ga·dos] *v.* **intriga** Suceso que despierta el interés de la persona: **Estaban *intrigados* por saber qué premio iban a recibir.**

lava [la·va] *s.* Líquido ardiente que sale de un volcán en erupción: **La *lava* fue lanzada por el volcán.**

magma

materiales [ma·te·ria·les] *adj.* **material** Materia con la que se hacen cosas: **La arena y el ladrillo son *materiales* para construcción.**

materiales

medallas [me·da·llas] *s.* **medalla** Premio: **Nuestro país obtuvo tres *medallas* de oro en las pasadas Olimpiadas.**

medallas

meditabundo [me·di·ta·bun·do] *adj.* Que medita para resolver una situación: **El detective caminó *meditabundo* por el despacho.**

meta [me·ta] *s.* El lugar a donde se quiere llegar: **Cuando llegamos a la *meta* el público aplaudió.**

microbios [mi·cro·bios] *s.* Organismo vivo de tamaño minúsculo: **Los *microbios* te pueden contagiar una enfermedad.**

miope [mio·pe] *adj.* Defecto de la vista que impide ver con claridad los objetos lejanos: **Utilizo anteojos debido a que soy *miope*.**

monumental [mo·nu·men·tal] *adj.* Muy grande o muy impresionante: **Esa escultura es *monumental*.** *Sin.* grandioso.

mudanza [mu·dan·za] *s.* Cambiarse de casa: **Hicimos la *mudanza* en un sólo día.**

olfatear [ol·fa·te·ar] *v.* **olfatear** Oler como lo hacen los animales: **El perro se puso a *olfatear* por todas partes.**

opinión [o·pi·nión] *s.* Idea que se da de algo o de alguien: **Me gustaría saber tu *opinión* de la película.**

pacientemente [pa·cien·te·men·te] *adj.* **paciencia** Que realiza una acción con calma: **Esperó *pacientemente* a que su hermana llegara.** *Sin.* impaciente.

papalote [pa·pa·lo·te] *s.* Juguete hecho con papel y varillas de madera que vuela con el viento: **El *papalote* de Julián se elevó por encima de su casa.**

pavor [pa·vor] Miedo intenso: **Las alturas le dan *pavor*.** *Sin.* pánico.

pistas [pis·tas] *s.* Huella que deja una persona o animal después de recorrer algún lugar: **Magnus siguió las *pistas* que Miguel había dejado a su partida.**

plataforma [pla·ta·for·ma] *s.* Tablero elevado sobre el suelo: **Desde la *plataforma* pude ver lo que sucedía.**

podar [po·dar] *v.* Cortar un poco las ramas: **Ya es tiempo de *podar* la planta.**

puerto [puer·to] *s.* Lugar a donde llegan los barcos: **El barco llevó a Pedro al *puerto* de Veracruz.**

receta [re·ce·ta] *s.* Nota en la que el médico escribe al enfermo las medicinas que deberá tomar: **El médico escribió para Ramona una *receta*.**

recomienda [re·co·mien·da] *v.* **recomendar** Dar un consejo: **Pregúntale a tu hermano para ver qué libro te *recomienda*.**

reunirse [reu·nir·se] *v.* **reunir** Juntar, congregar: **Los niños tendrán que *reunirse* para tomar algunos acuerdos.**

rociarlas [ro·ciar·las] *v.* **rociar** Echar líquido en gotas muy pequeñas: **Para *rociarlas* usó agua limpia y fresca.**

sabio [sa·bio] *adj.* Persona que posee grandes conocimientos: **Nadie es tan *sabio* como mi abuelo.**

sabio

salvamos [sal·va·mos] *v.* **salvar** Evitar un peligro o daño: **Nos *salvamos* gracias a los rescatistas.**

segura [se·gu·ra] *adj.* Que no representa peligro: **La playa es *segura* para los bañistas.** *Sin*. socorrer.

sembramos [sem·bra·mos] *v.* **sembrar** Distribuir semillas en la tierra para que germinen: **En cuanto la tierra quede lista *sembramos* nuestras hortalizas.**

siega [sie·ga] *s.* Cortar los frutos de la cosecha: **Después de la *siega* los campesinos festejan.**

sobresaltó [so·bre·sal·tó] *v.* **sobresaltar** Hacer que una persona no esté a gusto: **Tuvo un mal sueño y se *sobresaltó*.** *Sin*. estremecimiento.

sospechar [sos·pe·char] *v.* Pensar o creer que va a pasar algo: **Empezó a *sospechar* que iba a llover.** *Sin*. desconfiar.

talento [ta·len·to] *s.* Capacidad para realizar bien una actividad: **El *talento* de Rebeca es el canto.**

talento

tenaz [te·naz] *adj.* Que no se rinde fácilmente: **Es tan *tenaz* que nadie logró vencerlo.** *Sin*. perseverante.

tesoro [te·so·ro] *s.* Conjunto de objetos preciosos: **En la casa vieja había un *tesoro* oculto.**

tribu [tri·bu] *s.* Agrupación de familias con las mismas formas de vida: **Los miembros de esa *tribu* están muy unidos.**

vecindario [ve•cin•da•rio] *s.* Colonia o barrio donde vive mucha gente: **Me encantan las fiestas que organiza el *vecindario*.**

verano [ve•ra•no] *s.* Estación del año donde hace calor y llueve mucho: **En *verano* vamos a la playa.**

visitar [vi•si•tar]v. Ir a saludar a una persona: **La mamá de Julián fue a *visitar* a una amiga a su casa.**

Índice *de* títulos

Los números en color indican la página que contiene más información sobre el autor.

Ardley, Neil, 50
Bahía de tortugas, 132
Barnes, Beatriz, 110
Blanca Margarita, 256
Cameron, Ann, 214, 228
Cleary, Beverly, 288, 311
de las Fuentes, Gloria, 256, 267
dePaola, Tomie, 184, 203
El bote de mis sueños, 152
El espectáculo de talentos, 234
El labrador y sus hijos, 110
El monstruo Graciopeo, 156
El último caso de la Agencia de Detectives C. I., 250
Esopo, 110, 126
Experimentos con imanes, 50
García Román, Rosalía, 172
Gatico-Gatico, 74
Ghigna, Charles, 152
Giff, Patricia Reilly, 54, 68
Harris, Carol M., 250
Kramer, S. A., 88
La cometa maravillosa, 172
La mujer acuática, 88
La nadadora, 100

y autores

Levy, Constance, 100
Los cuentos de Julián, 214
Los imanes de Marta, 30
Magnus, 272
Marcos Dayán, Linda, 156, 166
Margolis, Richard J., 312
Murguía, Verónica., 14, 25
Peque Gruñón y el huevo gigante, 184
Pfeffer, Wendy, 30, 49
Pirotta, Saviour, 132, 150
Pugliano, Carol, 204
Ronald Morgan se va de campamento, 54
Rosendo, 14
Sandoval, Jaime Alfonso, 272, 284
Sarduy, Severo, 74, 84
Todos mis sombreros, 312
Un hogar propio, 204
¡Viva Ramona!, 288
Wojciechowski, Susan, 234, 249

¡VAMOS DE FIESTA! 2001 Copyright © 2000 by Harcourt, Inc.

All rights reserved. No part of this publication may be reproduced or transmitted in any form or by any means, electronic or mechanical, including photocopy, recording, or any information storage and retrieval system, without permission in writing from the publisher.

Requests for permission to make copies of any part of the work should be mailed to the following address: School Permissions, Harcourt, Inc., 6277 Sea Harbor Drive, Orlando, Florida 32887-6777

HARCOURT and the Harcourt Logo are trademarks of Harcourt, Inc.

Printed in the United States of America

Acknowledgments
For permission to reprint copyrighted material, grateful acknowledgment is made to the following sources:

Boyds Mills Press, Inc.: "To" and cover from *Been to Yesterdays* by Lee Bennett Hopkins. Text and cover copyright © 1995 by Lee Bennett Hopkins.
Candlewick Press, Cambridge, MA: "The Talent Show" from *Don't Call Me Beanhead!* by Susan Wojciechowski, cover illustration by Susanna Natti. Text copyright © 1994 by Susan Wojciechowski; cover illustration copyright © 1994 by Susanna Natti.
Children's Television Workshop, New York, NY: From "A Place of Their Own" by Carol Pugliano in *Contact Kids* Magazine, March 1998. Text copyright 1998 by Children's Television Workshop.
Clarion Books/Houghton Mifflin Company: Rosie: *A Visiting Dog's Story* by Stephanie Calmenson, photographs by Justin Sutcliffe. Text copyright © 1994 by Stephanie Calmenson; photographs copyright © 1994 by Justin Sutcliffe.
Crown Publishers, Inc.: Cover illustration by Nancy Carpenter from *Lester's Dog* by Karen Hesse. Illustration copyright © 1993 by Nancy Carpenter.
Tui De Roy: From "Wild Shots, They're My Life" by Tui De Roy in *Ranger Rick* Magazine, August 1996.
Dial Books for Young Readers, a division of Penguin Putnam Inc.: Cover illustration by Jerry Pinkney from *Back Home* by Gloria Jean Pinkney. Illustration copyright © 1992 by Jerry Pinkney.
Farrar, Straus & Giroux, Inc.: Turtle Bay by Saviour Pirotta, illustrated by Nilesh Mistry. Text copyright © 1997 by Saviour Pirotta; illustrations copyright © 1997 by Nilesh Mistry.
Charles Ghigna: "Dream Boat" by Charles Ghigna from *Ranger Rick* Magazine, June 1998. Text copyright 1998 by Charles Ghigna.
Grosset & Dunlap, Inc., a division of Penguin Putnam Inc.: "Water Woman" by S. A. Kramer from *Wonder Women of Sports,* cover illustration by Mitchell Heinze. Text copyright © 1997 by S. A. Kramer; cover illustration copyright © 1997 by Mitchell Heinze.
Harcourt, Inc.: Text and cover illustration from *The Science Book of Magnets* by Neil Ardley. Text copyright © 1991 by Neil Ardley; cover illustration copyright © 1991 by Dorling Kindersley Limited. Cover illustration from *Seal Surfer* by Michael Foreman. Copyright © 1996 by Michael Foreman. Cover illustration by Scott Medlock from *Opening Days: Sports Poems,* selected by Lee Bennett Hopkins. Illustration copyright © 1996 by Scott Medlock. Cover illustration from *Frida María* by Deborah Nourse Lattimore. Copyright © 1994 by Deborah Nourse Lattimore.
Highlights for Children, Inc., Columbus, OH: "The Last Case of the I.C. Detective Agency" by Carol M. Harris and cover illustration by Cheryl Kirk Noll from *Highlights for Children* Magazine, January 1996. Text and cover illustration copyright © 1996 by Highlights for Children, Inc.
Holiday House, Inc.: Little Grunt and the Big Egg by Tomie dePaola. Copyright © 1990 by Tomie dePaola.
Alfred A. Knopf, Inc.: Cover illustration by Raul Colón from *Tomás and the Library Lady* by Pat Mora. Illustration copyright © 1997 by Raul Colón.
Lee & Low Books Inc., 95 Madison Ave., New York, NY 10016: Allie's Basketball Dream by Barbara E. Barber, illustrated by Darryl Ligasan. Text copyright © 1996 by Barbara E. Barber; illustrations copyright © 1996 by Darryl Ligasan.
Little, Brown and Company: Arthur Writes a Story by Marc Brown. Copyright © 1996 by Marc Brown. Cover illustration from *Arthur's New Puppy* by Marc Brown. Copyright © 1993 by Marc Brown. Cover illustration from *Arthur's Pet Business* by Marc Brown. Copyright © 1990 by Marc Brown. From *Centerfield Ballhawk* by Matt Christopher, cover illustration by Ellen Beier. Text copyright © 1992 by Matthew F. Christopher; cover illustration copyright © 1992 by Ellen Beier.
Lothrop, Lee & Shepard Books, a division of William Morrow & Company, Inc.: Cover illustration by Alan Tiegreen from *Ramona Quimby, Age 8* by Beverly Cleary. Copyright © 1981 by Beverly Cleary.
Macmillan Library Reference: Marta's Magnets by Wendy Pfeffer, illustrated by Gail Piazza. Text © 1995 by Wendy Pfeffer; illustrations © 1995 by Gail Piazza.
Margaret K. McElderry Books, an imprint of Simon & Schuster Children's Publishing Division: "The Swimmer" from *A Tree Place and Other Poems* by Constance Levy. Text copyright © 1994 by Constance Kling Levy.
The Millbrook Press: Cover illustration by Christopher O'Neill and cover photograph by Roger Vlitos from *How do I feel about: Making Friends* by Sarah Levete. © 1996 by Aladdin Books Ltd; U.S. text © 1998.
Morrow Junior Books, a division of William Morrow & Company, Inc.: From *Ramona Forever* by Beverly Cleary, cover illustration by Alan Tiegreen. Text copyright © 1984 by Beverly Cleary; cover illustration copyright © 1984 by William Morrow & Company, Inc.
Pantheon Books, a division of Random House, Inc.: From *The Stories Julian Tells* by Ann Cameron, cover illustration by Ann Strugnell. Text copyright © 1981 by Ann Cameron; cover illustration copyright © 1981 by Ann Strugnell.
Philomel Books, a division of Penguin Putnam Inc.: Cover illustration from *Appelemando's Dreams* by Patricia Polacco. Copyright © 1991 by Patricia Polacco.
G. P. Putnam's Sons, a division of Penguin Putnam Inc.: Officer Buckle and Gloria by Peggy Rathmann. Copyright © 1995 by Peggy Rathmann.
Random House, Inc.: Cover illustration by Dora Leder from *Julian's Glorious Summer* by Ann Cameron. Illustration copyright © 1987 by Dora Leder.
Scholastic Inc.: Cover illustration by Varnette P. Honeywood from *The Treasure Hunt* by Bill Cosby. Copyright © 1997 by Bill Cosby. CARTWHEEL BOOKS and the CARTWHEEL BOOKS logo are trademarks and/or registered trademarks of Scholastic Inc. "Balto, the Dog Who Saved Nome" from *Seven True Dog Stories* by Margaret Davidson, cover illustration by Susanne Suba. Copyright © 1977 by Margaret Davidson. Cover illustration from *Ibis: A True Whale Story* by John Himmelman. Copyright © 1990 by John Himmelman. Cover photograph from *My Horse of the North* by Bruce McMillan. Copyright © 1997 by Bruce McMillan. Cover illustration from *Ruby the Copycat* by Peggy Rathmann. Copyright © 1991 by Margaret Rathmann.
Simon & Schuster Books for Young Readers, an imprint of Simon & Schuster Children's Publishing Division: Cover illustration by Nancy Winslow Parker from *The Goat in the Rug* by Charles L. Blood and Martin Link. Illustration copyright © 1976 by Nancy Winslow Parker. Cover illustration by Paul Yalowitz from *Nell Nugget and the Cow Caper* by Judith Ross Enderle and Stephanie Gordon Tessler. Illustration copyright © 1996 by Paul Yalowitz. "All My Hats" from *Secrets of a Small Brother* by Richard J. Margolis, cover illustration by Donald Carrick. Text copyright © 1984 by Richard J. Margolis; cover illustration copyright © 1984 by Donald Carrick.
Steck-Vaughn Company: From *Baseball: How To Play the All-Star Way* (Retitled: "Spotlight On Baseball") by Mark Alan Teirstein. Text copyright © 1994 by Steck-Vaughn Company.
Viking Penguin, a division of Penguin Putnam Inc.: Cover illustration by Wayne Alfano from *The Math Wiz* by Betsy Duffey. Illustration copyright © 1992 by Wayne Alfano. *Ronald Morgan Goes to Camp* by Patricia Reilly Giff, illustrated by Susanna Natti. Text copyright © 1995 by Patricia Reilly Giff; illustrations copyright © 1995 by Susanna Natti.

Photo Credits
Key: (t)=top, (b)=bottom, (c)=center, (l)=left, (r)=right
Pete Saloutos/The Stock Market, 109; David Madison, 114-115; Pete Saloutos/The Stock Market, 116-117; Pete Saloutos/The Stock Market, 122-123; Tui de Roy/ Roving Tortoise, 180-191; UPI/Corbis-Bettmann, 194, 198, 206, 208, 213 ; © 1998 Suki Coughlin/Paula McFarland, stylist, 233; J. Gerard Smith, 234-235; Justin Sutcliffe, 286-305; courtesy, Matt Christopher, 325(t); Margaret Miller, 353; Jim Steinberg/Tony Stone Images, 364; Gail Shumway/FPG, 366(l); Inge Spence/Tom Stack & Associates, 367; Richard Johnston/Tony Stone Images, 368; Ron Thomas/FPG, 369(l); Joyce Photographics/Photo Researchers, 369(r); John D. Cunningham/Visuals Unlimited, 371(l); Bob Krist/The Stock Market, 371(r).
All other photos by Harcourt Brace:
Rick Friedman/Black Star, Lisa Quinones/Black Star, Tom Sobolik/Black Star, Walt Chrynwski/Black Star, George Robinson/Black Star, John Troha/Black Star, Sal diMarco/Black Star, Nancy Pierce/Black Star, Dale Higgins.

Illustration Credits
Jon Goodell, Cover Art; Tungwai Chau, 2-3, 10-11, 12-13, 124-125; Tracy Sabin, 4-5, 126-127, 128-129, 238-239; Cindy Lindgren, 6-7, 240-241, 242-243, 358-359; Marc Brown, 14-35, 36-37; Gail Piazza, 40-59, 62-63; Susanna Natti, 64-79, 80-81; Darryl Ligasan, 84-103, 106-107; Mark Bender, 104-105; Kurt Nagahori, 120-121; Peggy Rathmann, 130-151, 152-153; Nilesh Mistry, 156-175, 178-179; Dave Calver, 176-177; Doug Rugh, 194-209, 212-213; Tomie dePaola, 214-233, 236-237; Cornelius Van Wright & Ying Hwa Hu, 244-259, 260-261; Laura Overset, 264-279, 284-285; Linda Helton, 280-283; Larry Johnson, 308-325, 326-327, 328-329; Diane Greenseid, 330-353, 356-357; Robert Casilla, 354-355; Klaus Heesch, 109,120; Ethan Long, 176,331; Mike DiGiorgio, 326; Vilma Ortiz-Dillon, 210-211; Dave Herrick, 38-39; Catharine Bennett, 82-83, 262-263; Katy Farmer, 54-155; Billy Davis, 192-193